——● 重庆工商大学经济学院"重庆市经济学拔尖人才培养示范基地"与国家一流专业建设点系列成果

# 马克思主义政治经济学
# 练习题集

MAKESI ZHUYI ZHENGZHI JINGJIXUE
LIANXITI JI

张筱璐 ○ 编著

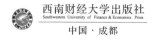

西南财经大学出版社
Southwestern University of Finance & Economics Press

中国·成都

图书在版编目(CIP)数据

马克思主义政治经济学练习题集/张筱璐编著. —成都:西南财经大学出版社,2024.2

ISBN 978-7-5504-6104-8

Ⅰ.①马… Ⅱ.①张… Ⅲ.①马克思主义政治经济学—高等学校—习题集 Ⅳ.①F0-0

中国国家版本馆 CIP 数据核字(2024)第 023798 号

**马克思主义政治经济学练习题集**

张筱璐 编著

责任编辑:李特军

责任校对:冯 雪

封面供图:董潇枫

封面设计:何东琳设计工作室

责任印制:朱曼丽

| | |
|---|---|
| 出版发行 | 西南财经大学出版社(四川省成都市光华村街 55 号) |
| 网 址 | http://cbs.swufe.edu.cn |
| 电子邮件 | bookcj@swufe.edu.cn |
| 邮政编码 | 610074 |
| 电 话 | 028-87353785 |
| 照 排 | 四川胜翔数码印务设计有限公司 |
| 印 刷 | 郫县犀浦印刷厂 |
| 成品尺寸 | 185mm×260mm |
| 印 张 | 7.375 |
| 字 数 | 142 千字 |
| 版 次 | 2024 年 2 月第 1 版 |
| 印 次 | 2024 年 2 月第 1 次印刷 |
| 印 数 | 1— 2000 册 |
| 书 号 | ISBN 978-7-5504-6104-8 |
| 定 价 | 32.00 元 |

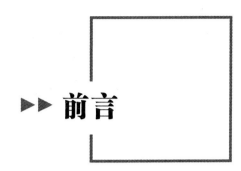

# ▶▶ 前言

　　为了提高高校"马克思主义政治经济学"课程的教学效率，特编写本练习题集。

　　本练习题集涵盖的知识范围与人民出版社、高等教育出版社出版的《马克思主义政治经济学概论（第二版）》相统一。该教材为全国"马克思主义理论研究和建设工程重点教材"，具有权威性；同时也是国内高等教育机构的指定教材，具有普遍性。练习题的章节结构设置与对应教材完全一致，教学过程中可以同步配套使用。

　　练习题设置了八种类型，包括名词解释、单项选择、多项选择、填空、简答、论述、计算和材料分析题。这些题型基本上涵盖了常见的练习和考核形式，具有一般性。需要强调说明的有两点：其一，以名词解释和填空题为代表的知识储备考核方式，多以专业术语或者政策专用语的掌握程度为目标，这两种概念用语都是特定语境下具有特定内涵、外延的概念，所以题目作答和学习过程中务必准确无误，不能近义替代。其二，论述题与简答题考察的目标不同，作答要求自然有区别——简答题通常考察知识储备水平，一般包含简单的逻辑关系，作答时直接、简洁回答问题即可，不必展开论证；论述题则考核对某个综合命题的理解程度，作答时需要对命题进行系统地论证，系统性体现"释题、论证与总结"环节的完整性。

　　除了练习题之外，本练习还集中给出了整体以及不同部分内容的逻辑结构和学习思路，部分题目还给出了理解或者记忆的思路建议。和高等教育中其他课程的教学内容一样，"马克思主义政治经济学"是一个科学理论体系，因此系统性是其重要特征之一，高效的教学和学习过程必然要体现这一特征。具体来讲，首先要在理解的基础上进行知识储备训练，其次要从整体上把握教学内容（不同部分及其相互关系），最后要充分理解各部分之间的关系。基于这些考虑，本练习题集在适当地方提供了体现内容系统性特征的提示。

　　本练习题集的基础是作者在长期教学实践中积累的练习题材料，这些材料在历年使用中根据使用效果和学生的反馈意见进行了不断的修改优化。在本书编写过程中，笔者得到了重庆工商大学经济学院的大力帮助，其中政治经济学课程组教师提供了宝贵的意见和修改建议。同时，本书获得了以经济学院为承担单位的"重庆市经济学拔尖人才培养示范基地建设"项目的资助。特此感谢！

张筱璐

2023 年 10 月

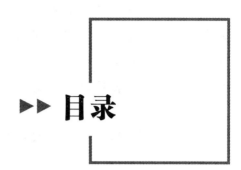

# 目录

## 第四篇　经济全球化和推动共建人类命运共同体

# 导论

## 一、名词解释

1. 生产力；2. 生产关系；3. 经济基础；4. 上层建筑；5. 经济规律。

## 二、单项选择

1. 人类社会变迁的根本原因植根于_____之中。（　　）

    A. 物质资料生产的发展和变革    B. 阶级矛盾的发展

    C. 生产力的发展    D. 历史人物的行为

2. 划分经济时代的一般标志是_____。（　　）

    A. 劳动者    B. 劳动对象

    C. 劳动资料    D. 科学技术

## 三、填空

1. _____是马克思主义政治经济学研究的出发点。

2. 生产力主要包括三个要素_____、_____、_____。

3. _____是人们在生产过程中形成的相互关系。

4. 马克思主义政治经济学的研究对象是_____，同时政治经济学研究必须联系_____和_____。

5. _____构成社会的经济基础。

6. 经济基础和上层建筑的辩证关系，集中体现为_____和_____的辩证关系。

7. _____和_____之间的矛盾，以及这一矛盾基础上产生的_____和_____之间的矛盾，是人类社会的基本矛盾。

8. _____是当代马克思主义政治经济学的集中体现，是中国特色社会主义政治经济学的最新成果。

## 四、判断正误

1. "政治经济学"与"经济学"是两门不同的学科。　　　　　　　　　　（　　　）

2. 把马克思主义政治经济学的研究对象界定为生产关系，并不意味着只是孤立地研究生产关系，而是必须联系生产力和上层建筑。　　　　　　　　　（　　　）

## 五、简要回答

1. 与马克思主义政治经济学相比较，庸俗经济学具有哪些特征？

2. 简述生产关系和生产力之间的关系。

3. 如何理解马克思主义政治经济学的性质？（如何理解马克思主义政治经济学的科学性和阶级性？）

4. 简述经济基础与上层建筑之间的相互关系。

5. 如何理解经济规律的客观性？

# 第一篇
# 商品和货币

无论是马克思主义政治经济学，还是西方经济学，都以市场经济为经验基础，因此对市场经济中的基本要素，即商品、货币和交易的本质、运行规律等属性进行解释是每个理论体系的前提工作。

　　这一篇依此构建了商品、货币和交易的概念体系，对其性质进行了历史和逻辑相统一的分析，为后续的资本主义市场经济和社会主义市场经济理论分析奠定了一般原理基础。

　　本篇的学习，应该首先了解专业术语的性质——所谓专业术语，就是为了高效而简洁地描述特定理论系统的假设、原理而特定确立的概念。专业术语经常会使用生活中已有的词语，但是需要注意这些词汇作为特定理论系统的专业术语时，具有特定的内涵和外延，不同于在日常生活或其他理论系统使用时的情况。例如商品概念，在马克思主义政治经济学中的外延就是用于交换的劳动产品，其范围显然要小于作为日常用语或西方经济学专业术语的商品概念，因为后两个场合并不要求商品必须是劳动产品。

# 第一章

# 商品

## 一、名词解释

1. 商品；2. 使用价值；3. 价值；4. 社会必要劳动时间；5. 第二种含义的社会必要劳动时间；6. 复杂劳动；7. 劳动生产率；8. 商品的拜物教性质。

## 二、单项选择

1. 劳动二重性指的是_____和_____。（　　）

    A. 私人劳动，社会劳动　　　　　　B. 具体劳动，抽象劳动

    C. 简单劳动，复杂劳动　　　　　　D. 个别劳动，一般劳动

2. _____被马克思称为"理解政治经济学的枢纽"。（　　）

    A. 劳动二重性　　　　　　　　　　B. 生产力和生产关系的辩证关系

    C. 商品二因素学说　　　　　　　　D. 价值理论

3. 商品经济所具有的各种矛盾归根到底是由生产商品的_____之间的矛盾决定的。（　　）

    A. 劳动二重性　　　　　　　　　　B. 私人劳动与社会劳动

    C. 具体劳动与抽象劳动　　　　　　D. 简单劳动与复杂劳动

4. _____和_____的矛盾是商品经济的基本矛盾。（　　）

    A. 抽象劳动，具体劳动　　　　　　B. 私人劳动，社会劳动

    C. 使用价值，价值　　　　　　　　D. 生产关系，生产力

## 三、填空

1. 商品包含_____和_____两个因素，是_____和_____的统一。

2. 物的有用性使物具有＿＿＿＿＿，商品的＿＿＿＿＿就是商品体本身。

3. ＿＿＿＿＿表现为一种使用价值和另一种使用价值相交换的数量关系。

4. 劳动的二重性，指同一个劳动过程就可以看作＿＿＿＿＿，又可以看作＿＿＿＿＿。其中＿＿＿＿＿生产使用价值，＿＿＿＿＿形成价值。

5. ＿＿＿＿＿是"理解政治经济学的枢纽"。

6. ＿＿＿＿＿和＿＿＿＿＿的矛盾是商品经济的基本矛盾。

7. 商品使用价值和价值之间的矛盾、具体劳动和抽象劳动之间的矛盾，根源于＿＿＿＿＿和＿＿＿＿＿之间的矛盾。

8. 资本主义市场经济中，私人劳动和社会劳动的矛盾表现为＿＿＿＿＿和＿＿＿＿＿之间的矛盾。

9. ＿＿＿＿＿和＿＿＿＿＿之间的矛盾是资本主义一切矛盾的总根源。

10. ＿＿＿＿＿指由社会生产和生活需要最终决定，并由有支付能力的市场需求直接决定的应该或必须投入的生产劳动量。

11. ＿＿＿＿＿是指不经过专门训练和学习就能胜任的劳动，＿＿＿＿＿则是指需要经过专门训练和学习才能胜任的劳动。

## 四、判断正误

1. 在合法市场中进行交易的物品，都属于政治经济学中的商品范畴。（　　）

2. 劳动生产率同商品的使用价值量成反比，同商品的价值量成正比。（　　）

3. 劳动生产率是具体劳动的生产效率，可以用单位时间内生产的产品数量来表示。
（　　）

4. 私人劳动和社会劳动的矛盾是所有社会经济活动的基本矛盾。（　　）

5. 一种劳动是简单劳动还是复杂劳动，衡量标准是永恒不变的。（　　）

6. 现代生产活动以高度分工为基础，没有管理无法完成，因此管理劳动创造了商品价值的必要部分。（　　）

7. 手机、电脑等高科技产品和农产品相比越来越昂贵，是因为前者的价值中由知识创造的比例越来越大。（　　）

## 五、简要回答

1. 为什么抽象劳动是商品价值的唯一来源？

2. 简单说明商品二因素、劳动二重性的含义及其相互关系。

3. 简述两种含义的社会必要劳动时间及其相互关系。

4. 简述如何理解商品使用价值和价值之间的矛盾以及如何解决这一矛盾？

## 六、论述

1. 为什么私人劳动与社会劳动的矛盾是商品经济的基本矛盾？

2. 为什么说劳动二重性学说是"理解政治经济学的枢纽"？

# 第二章

# 货币

## 一、名词解释

1. 货币；2. 纸币；3. （货币的）支付手段职能；4. 通货膨胀/紧缩；5. 货币流通。

## 二、单项选择

1. 所有价值形式（如简单的"1 只绵羊 = 2 把斧头"）中，等号前面的叫_____，等号后面的叫_____。（　　）

 A. 交换价值，价值     B. 使用价值，价值

 C. 相对价值形式，等价形式   D. 价值，交换价值

2. 观念上的货币即可执行的货币职能是（　　）。

 A. 价值尺度      B. 支付手段

 C. 价值储藏      D. 交易媒介

3. 马克思指出，"金银天然不是货币，但货币天然是金银"，表明（　　）。

 A. 货币首先是商品

 B. 一般价值形式是扩大的价值形式颠倒了的形式

 C. 充当货币是金银的使用价值

 D. 金银的价值来源于其所交换的商品

4. 下列哪一项表现了价值与价格在质上的分离？（　　）

 A. 通货膨胀中商品变贵    B. 经济衰退中房价持续走低

 C. 水果变质后卖不出去    D. 钻石价格昂贵

## 三、填空

1. 价值形式中，等式左边的称为_____，右边的称为_____。

2. _____价值形式的出现，使价值形式发生了质的飞跃。

3. _____是价值形式的完成形态。

4. _____和_____是货币最基本的职能。

## 四、判断正误

1. 金属货币因为有价值才流通，纸币因为流通才有价值。　　　　（　　）

2. 货币的形式经历了由金属货币向可兑换纸币，再向信用货币的演化过程。

（　　）

## 五、简要回答

1. 简述商品价值形式发展的形式或阶段。（简述货币的起源。）

2. 简述货币的本质。

3. 简述货币的职能。

4. 简述金属货币流通规律的基本内容。

5. 简述纸币流通规律的基本内容。

## 六、计算

某国年内待实现的商品价格总额为 2 800 亿元，其中赊销的商品价格总额为 700 亿元；到期支付的货币总额为 800 亿元；其中相互抵消的延期支付总额为 500 亿元。根据经验测定该国单位货币的平均流通速度为 8 次/年。试计算该国当年流通中所需要的货币量是多少？

# 第三章

# 市场经济和价值规律

## 一、名词解释

1. 自然经济；2. 商品经济；3. 简单商品经济；4. 市场经济；5. 价值规律；6. 市场机制；7. 市场体系；8. 市场秩序。

## 二、单项选择

1. _____是商品经济的前提条件。（    ）

    A. 生产资料属于不同所有者        B. 社会分工

    C. 资本主义制度                D. 工业革命

2. _____是商品经济的必要条件。（    ）

    A. 生产资料属于不同所有者        B. 社会分工

    C. 资本主义制度                D. 工业革命

3. _____是商品经济的基本规律。（    ）

    A. 价值规律                    B. 时间节约规律

    C. 市场规律                    D. 交换规律

## 三、填空

1. 商品经济是商品_____和商品_____的统称。

2. _____是商品经济产生的前提条件，而_____是商品经济产生的必要条件。

3. _____是商品经济的初始形式，它以_____和_____为基础。

4. _____是商品经济的基本规律。

## 四、判断正误

1. 自然经济在封建社会占据主导地位，商品经济是在资本主义时期才出现的。

（　　）

2. 进入资本主义社会后，商品经济成为占支配地位的经济形式。　（　　）

3. 价值规律能有力地提高生产积极性、促进激励并有效配置资源，因此我们应该在所有领域引入市场机制，最大可能发挥价值规律的积极作用。　（　　）

## 五、简要回答

1. 商品经济有力地推动了社会生产力的发展，这是由其哪些特征决定的？

2. 与简单商品经济相比较，市场经济有哪些新特征？

3. 简述市场机制概念及其具体内容。

4. 简述价值规律概念、主要内容及其在商品经济中的基本作用。

## 六、论述

为什么说单纯依靠价值规律调节经济存在着明显的局限性和弊端？

（或为什么不能单纯依靠价值规律调节经济？）

（或为什么市场经济体制下政府在经济活动中要发挥重要作用？）

# 第二篇
## 资本主义经济

这一篇是马克思主义政治经济学的经典部分，也就是由马克思本人完成的论述内容（部分有恩格斯参与）。这一部分围绕剩余价值的来源、实现和延续，对资本主义市场经济运行规律进行了总结和基于劳动价值论的本质解释。

　　这一部分的学习难点有两个，一是理解资本总公式的矛盾，二是理解资本家视角的剩余价值及其实现。

　　资本总公式的矛盾，即遵循价值规律的等价交换结果是越来越大的贫富差距，其真相在于其产生的"动态性"——剩余价值是在价值产生过程中形成的，而不是在对已有价值的流动中产生的。

　　剩余价值是马克思主义政治经济学为了揭露资本主义市场经济剥削实质而创造的概念，其使用是站在无产阶级立场上，强调"无偿占有"特征。但是站在资本家的立场上，资本家认为这一部分价值并非"无偿占有"，而是属于以其资本的使用为成本的利润。

# 第四章

# 资本主义经济制度及其演变

## 一、名词解释

1. 原始积累；2. 垄断；3. 国家垄断资本主义。

## 二、单项选择

1. 资本主义所有制（区别于其他私有制）的本质特征是（    ）。

    A. 生产资料私人所有        B. 劳动者与生产资料相分离

    C. 资本对劳动的雇佣与剥削        D. 私人所有者控制生产过程

2. 资本主义生产关系的基础是（    ）。

    A. 生产过程        B. 资本主义所有制

    C. 剩余价值的分配        D. 剩余价值的生产

3. 资本主义社会所有经济关系的基础是（    ）。

    A. 资本与劳动的关系        B. 价值规律

    C. 社会总产品的运动        D. 资本积累规律

4. 资本主义所有制最初的形式是（    ）。

    A. 独资经营的业主制企业        B. 私人股份所有制

    C. 法人股份所有制        D. 个体所有制

5. 19 世纪末 20 世纪初期，_____成为资本主义所有制的主要形式。（    ）

    A. 独资经营的业主制企业        B. 私人股份所有制

    C. 法人股份所有制        D. 个体所有制

6. 20 世纪中期，_____成为资本主义占主导地位的所有制形式。（    ）

A. 独资经营的业主制企业　　　　B. 私人股份所有制

C. 法人股份所有制　　　　　　　D. 个体所有制

## 三、填空

1. 资本主义原始积累过程指通过暴力迫使_____和_____相分离的过程。

2. 资本主义生产关系代替封建生产关系的政治条件是_____。

3. 和其他私人所有制相比较，资本主义所有制的本质特征是_____。

## 四、判断正误

1. 股份制使得生产资料具有社会性，从而克服了资本主义生产社会化与生产资料私有制之间的矛盾。　　　　　　　　　　　　　　　　　　　　（　　）

2. 资本主义股份制使得生产资料具有社会性，在一定程度上适应了生产社会化发展，但是并没有从根本上改变私有制的本质及其矛盾。　　　　　　　　（　　）

## 五、简要回答

1. 什么是资本主义生产关系产生的经济条件、政治条件和物质技术基础？其各自是通过什么方式完成的？

2. 简述私人股份所有制的特点及其历史作用。

3. 为什么法人股份制成了资本主义占主导地位的所有制形式？

4. 简述资本主义经济制度演变的三个发展阶段。

5. 简述国家垄断资本主义的形式。

## 六、论述

为什么说国家垄断资本主义的出现是资本主义基本矛盾发展的必然结果？

# 第五章

# 资本主义生产

## 一、名词解释

1. 资本总公式；2. 资本总公式的矛盾；3. 绝对剩余价值；4. 相对剩余价值；5. 超额剩余价值；6. 剩余价值率；7. 不变资本；8. 可变资本；9. 剩余价值规律；10. 剩余价值；11. 简单再生产；12. 扩大再生产；13. 资本积累；14. 资本积聚；15. 资本集中；16. 资本技术构成；17. 资本价值构成；18. 资本有机构成。

## 二、单项选择

1. _____是马克思主义政治经济学的基石。（      ）

   A. 剩余价值理论　　　　　　　　B. 价值理论

   C. 劳动力商品学说　　　　　　　D. 资本循环理论

2. _____是资本主义的绝对规律。（      ）

   A. 价值规律　　　　　　　　　　B. 剩余价值规律

   C. 资本积累规律　　　　　　　　D. 生产力决定生产关系

3. 货币转化为资本的前提是_____。（      ）

   A. 市场经济制度　　　　　　　　B. 资本积累

   C. 商品经济制度　　　　　　　　D. 劳动力成为商品

4. $W-G-W$ 是（      ）。

   A. 资本流通公式　　　　　　　　B. 简单商品流通公式

   C. 资本总公式　　　　　　　　　D. 商品资本流通公式

5. $G-W-G'$ 是（      ）。

A. 资本流通公式      B. 简单商品流通公式

C. 货币资本流通公式      D. 商品资本流通公式

6. 资本主义生产过程中，新创造的价值是（    ）。

    A. $c+v+m$                B. $c+v$

    C. $v+m$                  D. $m$

7. 资本主义生产过程中，商品价值等于（    ）。

    A. $c+v+m$                B. $c+v$

    C. $v+m$                  D. $m$

## 三、填空

1. _____是马克思主义政治经济学的基石。

2. _____是资本主义的绝对规律。

3. _____是资本主义生产的目的。

4. 简单商品流通的公式是_____。

5. 资本流通总公式是_____。

6. 剩余价值率是_____与_____的比值。

7. 资本有机构成是反映技术构成的_____与_____的比例。

8. 资本积累的结果，一极是_____，另一极是_____，这是资本积累的一般规律。

## 四、判断正误

1. 工资往往是按照劳动时间计算，多劳者多得，因此工资的本质就是劳动报酬。

                                                 （    ）

2. 劳动力的使用价值就是劳动力的使用，即劳动可以创造使用价值。（    ）

3. 资本家生产的目标是获得最高的剩余价值率。（    ）

4. 历史上，资本主义初期相对剩余价值生产是加重剥削的主要方式。（    ）

5. 资本主义人口过剩的主要原因是资产阶级政府对人口的控制不力。（    ）

6. 资本集中和资本积聚一样，都会使社会资本总额增加。（    ）

7. 资本积累是资本家将自己的收入投入生产的行为，因此其快慢主要取决于资本家节俭的程度。（    ）

8. 在资本主义社会初期，简单再生产是主要的再生产方式。（    ）

9. $G-W-G'$ 之所以被称为资本总公式，是因为它概括了产业资本、商业资本和借贷资本运动的共同特点。 （    ）

10. 由于资本增殖在生产阶段，因此 $G-W-G'$ 仅仅适合描述产业资本运动的特点。 （    ）

## 五、简要回答

1. 劳动力成为商品的条件是什么？

2. 简述资本总公式的矛盾并进行解释。

3. 什么是剩余价值的两种生产方式？简述其基本原理。

4. 相对剩余价值生产是如何完成的？

5. 简单分析绝对剩余价值和相对剩余价值之间的关系。

6. 为什么说剩余价值规律是资本主义的绝对规律？

7. 为什么说劳动不能成为商品？

8. 资本主义工资存在国民差异的原因是什么？

9. 简述商品流通公式与资本流通公式的区别是什么？

10. 为什么从简单再生产的角度分析资本主义生产过程，可以更清晰地看到其剥削性质？

11. 简述资本积聚和资本集中之间的关系。

12. 为什么说相对过剩人口的存在，是构成劳动力市场和价值规律发生作用的机制和条件？

13. 简述资本主义积累的一般规律。

14. 劳动力商品的价值内容及构成是什么？

## 六、计算

1. 某资本主义企业，工作日长度为 8 小时，工人的必要劳动时间与剩余劳动时间各为 4 小时，试问：

（1）此时的剩余价值率是多少？

（2）在必要劳动时间不变的情况下，将工作日延长 4 小时，此时的剩余价值率是多少？

（3）工作日长度不变的情况下，由于劳动生产率提高使必要劳动时间缩短了一半，此时的剩余价值率是多少？

2. 某资本家投资水泥厂，固定资本投资额为 1.2 亿元，平均使用年限为 10 年；每月消耗原材料等非人工流动资本价值 120 万元；雇用工人 500 人，每人平均月工资 800 元；剩余价值率为 100%。原来以社会正常的生产条件生产，达到同类生产者平均的劳动生产率，月产水泥 5 000 吨。该企业独自在本月改进了技术，其个别劳动生产率比社会劳动生产率提高了 30%，除原材料等流动资本（不含可变资本）消耗同比例增加外，其他资本价值消耗没有增加。请计算：

（1）每吨水泥的价值是多少？

（2）资本家每月获得的超额剩余价值是多少？

3. 某厂工人每天劳动 12 小时，生产商品 12 件，每件商品的售价为 200 元。工人每天的工资为 40 元，生产 12 件商品耗费的生产资料价值为 2 160 元。请计算：

（1）工人的活劳动每天创造的新价值是多少？

（2）创造的剩余价值是多少？

（3）该企业的剩余价值率是多少？

# 第六章

# 资本主义流通

## 一、名词解释

1. 固定资本；2. 流动资本；3. 固定资本的无形损耗；4. 社会总产品；5. 社会总产品的实现；6. 产业资本；7. 资本循环；8. 资本周转；9. 资本总周转；10. 年剩余价值率。

## 二、单项选择

1. 产业资本的三种形态不包括（　　）。

    A. 货币资本　　　　　　　　　　B. 商业资本

    C. 生产资本　　　　　　　　　　D. 商品资本

2. 能最全面地展现资本运动过程的资本形式是（　　）。

    A. 借贷资本　　　　　　　　　　B. 商业资本

    C. 产业资本　　　　　　　　　　D. 商品资本

3. 产业资本循环不包括哪个阶段？（　　）

    A. 生产　　　　　　　　　　　　B. 购买

    C. 销售　　　　　　　　　　　　D. 存储

4. 产业资本循环的哪一种说明了资本运动的目的是赚取剩余价值？（　　）

    A. 货币资本循环　　　　　　　　B. 生产资本循环

    C. 商品资本循环　　　　　　　　D. 金融资本循环

5. 产业资本循环的哪一种说明了资本运动是一个不断的再生产过程？（　　）

    A. 货币资本循环　　　　　　　　B. 生产资本循环

    C. 商品资本循环　　　　　　　　D. 金融资本循环

6. 哪一种产业资本循环说明了资本运动是商品不断被消耗并再生产出来的过程？（　　）

　　　A. 货币资本循环　　　　　　　　B. 生产资本循环

　　　C. 商品资本循环　　　　　　　　D. 金融资本循环

7. 资本生产时间不包括（　　）。

　　　A. 劳动时间　　　　　　　　　　B. 劳动中断时间

　　　C. 生产资料储备时间　　　　　　D. 商品储备时间

8. 实现社会资本简单再生产的基本条件是（　　）。

　　　A. $I(v+m)=IIc$　　　　　　B. $I(c+v+m)=Ic+IIc$

　　　C. $I(c)=II(v+m)$　　　　D. $II(c+v+m)=Ic+IIc$

9. 实现社会资本扩大再生产的基本条件是（　　）。

　　　A. $I(v+m)=IIc$　　　　　　B. $I(c+v+m)=Ic+IIc$

　　　C. $II(c+\Delta c)=I(v+\Delta v+m/x)$　　　D. $II(c+v+m)=Ic+IIc$

10. 社会资本简单再生产的实现条件中，表示生产资料供求关系的是（　　）。

　　　A. $I(v+m)=IIc$

　　　B. $I(c+v+m)=Ic+IIc$

　　　C. $II(c+v+m)=I(v+m)+II(v+m)$

　　　D. $II(c+v+m)=Ic+IIc$

11. 社会资本简单再生产的实现条件中，表示消费资料供求关系的是（　　）。

　　　A. $I(v+m)=IIc$

　　　B. $I(c+v+m)=Ic+IIc$

　　　C. $II(c+v+m)=I(v+m)+II(v+m)$

　　　D. $II(c+v+m)=Ic+IIc$

12. 社会资本扩大再生产的实现条件中，表示生产资料供求关系的是（　　）。

　　　A. $I(c+v+m)=I(c+\Delta c)+II(c+\Delta c)$

　　　B. $I(c+v+m)=Ic+IIc$

　　　C. $II(c+v+m)=I(v+\Delta v+m/x)+II(v+\Delta v+m/x)$

　　　D. $II(c+v+m)=Ic+IIc$

13. 社会资本扩大再生产的实现条件中，表示消费资料供求关系的是（　　）。

　　　A. $I(c+v+m)=I(c+\Delta c)+II(c+\Delta c)$

　　　B. $I(c+v+m)=Ic+IIc$

C. $\mathrm{II}(c + v + m) = \mathrm{I}(v + \Delta v + m/x) + \mathrm{II}(v + \Delta v + m/x)$

D. $\mathrm{II}(c + v + m) = \mathrm{I}\,c + \mathrm{II}\,c$

## 三、多项选择

1. 资本流通时间包括（　　）。

    A. 生产要素购买时间　　　　　　B. 商品出售时间

    C. 生产资料储备时间　　　　　　D. 商品储备时间

    E. 劳动中断时间

2. 产业资本循环会经历的资本形态包括（　　）。

    A. 货币资本　　　　　　　　　　B. 商业资本

    C. 生产资本　　　　　　　　　　D. 商品资本

    E. 金融资本

3. 资本生产时间包括（　　）。

    A. 劳动时间　　　　　　　　　　B. 劳动中断时间

    C. 生产资料储备时间　　　　　　D. 商品储备时间

    E. 自然力作用的时间

4. 社会总产品的实现包括（　　）。

    A. 生产过程　　　　　　　　　　B. 价值补偿

    C. 流通过程　　　　　　　　　　D. 实物补偿

    E. 出售过程

5. 从价值补偿的形态来看，社会总产品包含了（　　）。

    A. 固定资本　　　　　　　　　　B. 流动资本

    C. 不变资本　　　　　　　　　　D. 可变资本

    E. 剩余价值

6. 从实物补偿的形态来看，社会总产品可以分为（　　）。

    A. 生产资料　　　　　　　　　　B. 货币资本

    C. 不变资本　　　　　　　　　　D. 金融资本

    E. 生活资料

7. 社会资本简单再生产的实现条件包括（　　）。

    A. $\mathrm{I}(c + v + m) = \mathrm{I}(c + \Delta c) + \mathrm{II}(c + \Delta c)$

    B. $\mathrm{I}(c + v + m) = \mathrm{I}\,c + \mathrm{II}\,c$

C. $\mathrm{II}(c + v + m) = \mathrm{I}(v + m) + \mathrm{II}(v + m)$

D. $\mathrm{II}(c + v + m) = \mathrm{I}c + \mathrm{II}c$

E. $\mathrm{I}(v + m) = \mathrm{II}c$

8. 社会资本扩大再生产的实现条件包括（　　）。

A. $\mathrm{I}(c + v + m) = \mathrm{I}(c + \Delta c) + \mathrm{II}(c + \Delta c)$

B. $\mathrm{I}(v + \Delta v + m/x) = \mathrm{II}(c + \Delta c)$

C. $\mathrm{II}(c + v + m) = \mathrm{I}(v + \Delta v + m/x) + \mathrm{II}(v + \Delta v + m/x)$

D. $\mathrm{II}(c + v + m) = \mathrm{I}c + \mathrm{II}c$

E. $\mathrm{I}(v + m) = \mathrm{II}c$

9. 社会资本扩大再生产的前提条件包括（　　）。

A. $\mathrm{I}(c + v + m) > \mathrm{I}c + \mathrm{II}c$

B. $\mathrm{I}(c + v + m) = \mathrm{I}c + \mathrm{II}c$

C. $\mathrm{II}(c + v + m) > \mathrm{I}(v + m/x) + \mathrm{II}(v + m/x)$

D. $\mathrm{II}(c + m - m/x) > \mathrm{I}(v + m/x)$

E. $\mathrm{I}(v + m) > \mathrm{II}c$

## 四、填空

1. 产业资本资本循环一般要经过＿＿＿＿＿、＿＿＿＿＿、＿＿＿＿＿三个阶段，依次分别采取＿＿＿＿＿、＿＿＿＿＿、＿＿＿＿＿三种形态，包含了＿＿＿＿＿、＿＿＿＿＿、＿＿＿＿＿三种循环。

2. ＿＿＿＿＿资本循环表明资本运动的目的就是增殖。

3. ＿＿＿＿＿资本循环表明资本运动就是一个不断地再生产和扩大再生产的过程。

4. ＿＿＿＿＿资本循环表明资本运动就是商品不断被消费和不断在生产出来的过程。

5. 资本的生产时间包括＿＿＿＿＿、＿＿＿＿＿、＿＿＿＿＿、＿＿＿＿＿四个部分。

6. 资本流通时间包括＿＿＿＿＿、＿＿＿＿＿两个部分。

7. 固定资本的磨损分为＿＿＿＿＿和＿＿＿＿＿两种。

8. 从价值补偿形态上看，社会总产品包含＿＿＿＿＿、＿＿＿＿＿、＿＿＿＿＿三个部分。

9. 社会资本实现简单再生产的基本条件是＿＿＿＿＿，两个引申条件是＿＿＿＿＿、＿＿＿＿＿。

10. 社会资本实现扩大再生产的前提条件包括_____、_____，基本条件是_____，两个引申条件是_____、_____。

## 五、判断正误

1. 货币资本、生产资本和商品资本是三种不同的独立资本。（　　）

2. 资本运动的目的是追求剩余价值率的最大化。（　　）

3. 资本周转速度与周转时间成正比，与周转次数成反比。（　　）

4. 固定资本是指生产过程中其价值量不变地转移到新产品当中的资本。（　　）

5. 一般来讲，同样规模的生产活动需要的预付资本量和资本周转速度成反比。

（　　）

## 六、简要回答

1. 什么是产业资本循环的三个阶段、三种形态和三种形式？

2. 既然流通阶段并不生产剩余价值，那资本家为什么不放弃流通时间而将资本运动全部转变为生产时间？

3. 产业资本正常循环的条件有哪些？

4. 简述固定资本与流动资本的区别。

5. 资本的生产时间包括哪几个阶段？

6. 固定/流动资本与不变/可变资本划分方法的区别是什么？

7. 解释固定资本的有形损耗、无形损耗、折旧、折旧基金和折旧率。

8. 资本周转速度如何影响预付资本量和剩余价值量？加速资本周转有什么意义？

9. 固定资本的无形损耗有哪些方式？

10. 简述社会总产品的概念及其实现的内容。

11. 资本主义流通出现了哪些新变化？

## 七、计算

1. 一个产业资本包括购买机器的 50 万元、原料的 20 万元、雇用工人的 10 万元。其中机器两年更新一次（按时间平均折旧，即线性折旧），商品生产过程为 2 个月，销售需要半个月，购买原料需要半个月。剩余价值率为 0.5。求：

（1）固定资本额、流动资本额。

（2）不变资本总额、可变资本总额。

（3）预付资本的年周转次数。

（4）工人月工资总额。

（5）固定资本年周转次数、流动资本周转次数。

（6）年剩余价值总额、年剩余价值率。

（7）固定资本年折旧率。

2. 一个企业投资 25 万元购置机器，其使用年限为 5 年，50 万元购置厂房，其使用年限为 20 年，5 万元购置工具，其使用年限为 5 年，10 万元用于购买原材料，10 万元用于支付工资，已知其流动资本一年可周转 5 次，不考虑固定资本精神磨损。请计算：这个企业的预付资本一年中的总周转次数是多少？

3. 某资本家投资 300 万元建筑厂房、购买机器等，平均使用年限为 10 年。30 万元购买原料、燃料、辅助材料，每个月雇佣工人 50 人，月工资 1 000 元。流动资本年周转 2 次，年产 4 万件商品，商品价值 50 元。请计算：

（1）资本的有机构成是多少？

（2）固定资本和流动资本各是多少？

（3）剩余价值率为多少？

（4）年剩余价值率是多少？

（5）该资本家一年获得多少剩余价值？

4. 假定在扩大再生产的第一年，社会总产品的构成是：

Ⅰ（$3\,000c + 600v + 900m$）＝ $4\,500$

Ⅱ（$1\,000c + 500v + 500m$）＝ $2\,000$

假定资本有机构成不变，现已知Ⅱ部类资本家用剩余价值中的 200 作为个人消费，其余部分用于扩大再生产，请计算来年的生产规模。

# 第七章

# 剩余价值的分配

## 一、名词解释

1. 生产成本（生产费用）；2. 利润；3. 生产价格；4. 商业利润；5. 利息；6. 级差地租；7. 绝对地租；8. 商业资本；9. 生产性流通费用；10. 纯粹流通费用；11. 资本主义地租。

## 二、单项选择

1. 下面哪一项不是对剩余价值的分割？（　　　）

    A. 百货公司卡车司机的工资　　　　B. 百货公司售货员的工资

    C. 百货公司总部办公用品费用　　　D. 百货公司经理的薪水

2. 利润率表示（　　　）。

    A. 资本家对工人的剥削程度　　　　B. 预付总资本的增殖程度

    C. 预付不变资本的增殖程度　　　　D. 预付可变资本的增殖程度

3. 随着利润转化为平均利润，商品的价值就转化为（　　　）。

    A. 生产成本　　　　　　　　　　　B. 垄断价格

    C. 企业利润　　　　　　　　　　　D. 生产价格

4. 成本价格是商品价值构成中的（　　　）。

    A. $c + m$　　　　　　　　　　　B. $c + v$

    C. $v + m$　　　　　　　　　　　D. $c + v + m$

## 三、填空

1. 从资本家的角度来看，商品价值组成部分中的_____和_____构成了生产成本（或费用），_____构成了利润。

2. 生产价格是生产成本与_____的总和，它是_____的转化形式。

3. 利润率是剩余价值与_____的比值，剩余价值率是剩余价值与_____的比值。

4. 商品资本的职能从产业资本分离出来独立化为_____，它执行_____的职能，即销售商品，实现_____和_____。

5. 商业利润的来源是_____。

6. 职能资本包括_____和_____。

7. 从职能资本游离出来的货币资本借贷出去，就转化为_____。

8. 所谓借贷资本，就是借贷资本家为了取得利息收入而暂时贷给职能资本家的_____。

9. 平均利润分割为_____和_____。

10. 竞争条件下，银行资本家获得的利润率等于_____。

11. 虚拟资本有两种形式，一是_____，二是_____。

12. 资本主义地租包括_____和_____两种形态。

13. _____是资本主义级差地租的形成原因。

14. _____是资本主义绝对地租的形成原因。

15. 形成级差地租 I 的条件包括_____和_____。

16. 地租是_____在经济上的实现。

## 四、判断正误

1. 商业利润的来源是产业资本家转让给商业资本家的、生产领域工人创造的剩余价值的一部分。 （　　）

2. 股息实质上是雇佣工人所创造的剩余价值的转化形式。 （　　）

3. 银行利润来源于银行雇员创造的剩余价值。 （　　）

4. 和商业资本利润率一样，作为借贷资本的回报，利息率也等于平均利润率。 （　　）

5. 利润平均化后，资本有机构成高的行业，其产品生产价格低于其商品价值。 （　　）

6. 利润平均化后，商品按照市场价格出售，因此价值规律不再起作用。 （　　）

7. 竞争会使得资本主义的利润平均化，因此现实当中等量资本一定会获得等量利润。

（　　　）

## 五、简要回答 ├─────────────────────────────

1. 影响利润率变动的主要因素有哪些？

2. 资本主义利润为何会平均化？

3. 生产价格形成后价值规律作用的形式有哪些？（为什么说商品价值转化成生产价格之后价值规律并未消失？）

4. 为什么资本主义平均利润率会有下降的趋势？

5. 哪些因素会阻碍平均利润率下降？

6. 利润率下降和利润绝对量增加之间的矛盾会引起和加深哪些资本主义矛盾？

7. 商品资本转化为商业资本，其基本原因是什么？

8. 商品资本转化为商业资本，其基本条件是什么？

9. 简述商业流通费用的补偿方式。

10. 简述级差地租的类型和产生原因。

11. 简述绝对地租及其产生原因。

12. 简述虚拟资本的概念及其与现实资本的关系。

13. 资本主义分配关系出现了哪些新变化？

## 六、计算 ├─────────────────────────────

1. 假如一个市场内有三个企业，剩余价值率均为100%，固定资本与流动资本周转时间一致，资本构成如下表所示。

| 序号 | 资本构成 | 剩余价值 | 平均利润 | 商品生产价格 | 商品价值 |
|------|---------|---------|---------|------------|---------|
| 1 | $60c+40v$ | | | | |
| 2 | $70c+30v$ | | | | |
| 3 | $80c+20v$ | | | | |

请在上述空白处填写正确数字。

2. 假如一个市场内有三个企业，剩余价值率分别为100%，200%和100%，固定资本与流动资本周转时间一致，资本构成如下表所示。

| 序号 | 资本构成 | 剩余价值 | 平均利润 | 商品生产价格 | 商品价值 |
|---|---|---|---|---|---|
| 1 | $60c+40v$ | | | | |
| 2 | $70c+30v$ | | | | |
| 3 | $80c+20v$ | | | | |

请在上述空白处填写正确数字。

# 第八章 | 资本主义经济危机和历史趋势

## 一、名词解释

1. 资本主义经济危机；2. 资本主义基本矛盾。

## 二、单项选择

1. 资本主义经济危机的实质是（　　）。

    A. 生产绝对过剩的危机　　　　B. 生产相对过剩的危机

    C. 自然灾害等引起的经济波动　D. 金融领域出现混乱引起的衰退

2. 使得资本主义经济危机呈现周期性特征的物质基础是（　　）。

    A. 固定资本的更新　　　　　　B. 气候的周期性

    C. 人口变化的周期性　　　　　D. 技术进步的周期性

## 三、判断正误

1. 当代资本主义经济危机基本上都以金融危机的形式爆发，因此其本质已不再是生产过剩所造成的经济衰退。　　　　　　　　　　　　　　　　　（　　）

2. 资本主义社会之前的经济形态当中，也会发生严重的经济衰退，其性质和资本主义相同，都是生产相对过剩的危机。　　　　　　　　　　　　　（　　）

3. 随着资本主义国家对经济调整水平的提高，资本主义经济危机发生的频率和严重程度都逐渐降低。　　　　　　　　　　　　　　　　　　　　　（　　）

4. 资本主义经济危机主要是资本主义国家的政策失误造成的。　　　（　　）

## 四、简要回答

1. 如何理解资本主义经济危机的不可避免性？

2. 经济危机包括哪几个阶段？

3. 资本主义经济危机呈现周期性特点的原因是什么？

4. 经济周期主要有哪些种类？

5. 资本主义经济危机在第二次世界大战以后（或在当代）有什么新特点？

6. 如何理解资本主义生产关系的自我调整？

7. 如何理解社会主义替代资本主义制度的长期性和曲折性？

# 第三篇
# 社会主义经济

这一篇是中国共产党人基于马克思主义经济学基础理论和马克思经典著作中社会主义设想部分内容，总结我国社会主义经济发展规律形成的具有中国特色的社会主义市场经济理论体系。

1. 内容结构

这一篇主要内容包括两个主题，一是习近平经济思想，二是基本经济制度。

具体来讲，习近平经济思想主要讲述党的十九大之后到 2050 年我国经济发展战略的基本框架和原理，因此我们必须掌握三方面的问题：是什么？为什么？干什么？由此派生出来的经济范畴有三个：新发展阶段、高质量发展和新发展格局，我们同样需要知道是什么？为什么？干什么？

基本经济制度讲述了我国在改革开放之后逐步形成的基本经济制度，包括所有制、分配制度和市场经济体制三方面。

上述两个方面的逻辑关系是：社会主义初级阶段特指我国在经济发展水平不高的一个时期的社会主义社会阶段，需要一个较长的时期。在整个初级阶段内，我们都实行三项基本经济制度。然而，初级阶段又是一个较长的历史时期，其间经济发展水平处于快速提高的状态，因此在不同的状态下需要不同的发展策略。改革开放以来，我国经济获得了快速的发展，开放程度与经济制度建设都取得了巨大进步。在此背景下，社会主义事业进入了新时代，经济也进入了新发展阶段，其主题是高质量发展，构建新发展格局是一项关系全局的战略任务。

2. 逻辑线索 I——基本经济制度

总体来讲，社会主义初级阶段的基本经济制度主要阐释我国在解决初级阶段的社会主义经济发展问题（在社会主义框架内如何提高社会生产力）的政策、制度。因此所有的内容都由"社会主义——经济落后"这一对矛盾展开，形成一系列问题或目标，比如"共同富裕""公平与效率""政府与市场"等。

为了解决这些问题或者实现这些目标，形成的制度也体现了这种矛盾的对立统一，如"社会主义市场经济""公有制为主体、多种所有制经济共同发展""按劳分配为主体，其他分配形式并存""社会主义市场经济体制"等。

具体来讲，社会主义——公有制——按劳分配——政府在资源配置中的作用等是统一的，这保证了经济发展社会主义性质，主要解决公平问题，集中体现在共同富裕中的"共同"上面；市场经济——多种所有制——其他分配方式——市场在资源配置中的决定性作用等是统一的，这保证了社会主义制度的优越性，主要解决效率问题，集中体现在共同富裕中的"富裕"上面。

3. 逻辑线索 II——新时代经济发展理论

经过 40 年左右的高速持续稳定发展，中国经济社会发展已经具备一定基础，随着我国面临的国内外条件、环境的较大变化，改革开放和经济发展的主要问题与之前有很大不同。新时代（经济发展）理论在总结当前发展条件的基础上，给出相应的发展战略原则和战略任务。

国内发展条件的变化主要是社会主要矛盾发生转变。党的十一届六中全会指出，在社会主义初级阶段，我国社会的主要矛盾是"人民日益增长的物质文化需要同落后的社会生产之间的矛盾"。新时代，我国社会主要矛盾已经转变为"人民日益增长的美好生活需要和不平衡不充分的发展之间的矛盾"。美好生活需要不仅包括更高的物质文化需要，还包括日益增长的民主、法治、公平、正义、安全、环境等要求。相较改革开放初期，社会生产在新时代已经得到了较大提高，但是不平衡、不充分问题严重。社会主要矛盾两个方面的转变，及时要求我们调整发展的重点和思路。

国际环境的变化比较复杂，包括经济、科技和国际战略大局转变。当前世界正经历百年未有之大变局，新一轮科技革命和产业革命深入发展，经济全球化遭遇逆流。

新时代面临新问题，我们要追求新目标，中国人民选择在社会主义框架内科学推动经济发展。体现经济发展社会主义性质的是新时代经济发展的根本指针——坚持以人民为中心的发展；体现经济发展科学性的是新发展理念；经济发展进入新常态，新常态的主题是高质量发展。当前，加快构建新发展格局是关系发展全局的重大战略任务。

# 第九章

## 社会主义经济制度

---

**一、单项选择**

1. _____报告_____的提出，明确了我国社会主义新的历史方位。
（　　）

    A. 党的十九大，中国特色社会主义新时代

    B. 党的十九大，经济发展新阶段

    C. 十九届五中全会，中国特色社会主义新时代

    D. 党的十八大，全面建成小康社会目标

2. 党的十九届五中全会把握_____目标要求，提出到_____年基本实现_____远景目标。（　　）

    A. 全面建设社会主义现代化国家，2050，社会主义现代化

    B. 全面建成小康社会，2035，社会主义现代化

    C. 全面建设社会主义现代化国家，2035，社会主义现代化

    D. 全面建设社会主义现代化国家，2035，民族复兴

3. 根据党的战略安排，到建国 100 周年，把我国建成_____。（　　）

    A. 社会主义现代化国家    B. 全面小康社会

    C. 发达国家    D. 现代化强国

4. 全面建成小康社会的突出短板在_____。（　　）

    A. 西部地区    B. 民生领域

    C. 生产领域    D. 就业领域

5. 全面建成小康社会最艰巨、最繁重的任务在_____，特别是在_____。
（　　）

　　A. 农村，西部地区　　　　　　　B. 农村，贫困地区

　　C. 西部，西南　　　　　　　　　D. 基层，农村

6. 根据 2035 年远景目标，届时我国人均 GDP 水平的目标是达到_____水平。
（　　）

　　A. 发达国家　　　　　　　　　　B. 中等发达国家

　　C. 世界平均　　　　　　　　　　D. 世界领先

7. 新时代社会主义经济发展的根本指针是_____。（　　）

　　A. "两个一百年"奋斗目标　　　　B. 共同富裕

　　C. 解放生产力，发展生产力　　　D. 以人民为中心

8. _____是引领发展的第一动力。（　　）

　　A. 创新　　　　　　　　　　　　B. 党的领导

　　C. 公有制　　　　　　　　　　　D. 人民

9. _____是发展行动的先导。（　　）

　　A. 根本指针　　　　　　　　　　B. 党的领导

　　C. 发展理念　　　　　　　　　　D. 发展战略

10. _____是持续健康发展的内在要求。（　　）

　　A. 创新　　　　　　　　　　　　B. 协调

　　C. 共享　　　　　　　　　　　　D. 绿色

11. _____是永续发展的必要条件和人民对美好生活追求的重要体现。
（　　）

　　A. 创新　　　　　　　　　　　　B. 协调

　　C. 共享　　　　　　　　　　　　D. 绿色

12. _____是国家繁荣发展的必由之路。（　　）

　　A. 开放　　　　　　　　　　　　B. 协调

　　C. 共享　　　　　　　　　　　　D. 绿色

13. _____是中国特色社会主义的本质要求。（　　）

　　A. 开放　　　　　　　　　　　　B. 协调

　　C. 共享　　　　　　　　　　　　D. 绿色

14. 社会主义的基本矛盾是（　　）。

    A. 生产力与生产关系，以及经济基础与上层建筑之间的矛盾

    B. 人民日益增长的物质文化需求与落后的社会生产之间的矛盾

    C. 生产力与生产关系之间的矛盾

    D. 无产阶级与资产阶级的经济矛盾

15. 在社会主义改造基本完成以后，我国社会的主要矛盾是（　　）。

    A. 生产力与生产关系，以及经济基础与上层建筑之间的矛盾

    B. 人民日益增长的物质文化需求与落后的社会生产之间的矛盾

    C. 人民日益增长的美好生活需要和不平衡不充分的发展之间的矛盾

    D. 无产阶级与资产阶级的经济矛盾

16. 中国特色社会主义进入新时代，我国社会的主要矛盾是（　　）。

    A. 生产力与生产关系，以及经济基础与上层建筑之间的矛盾

    B. 人民日益增长的物质文化需求与落后的社会生产之间的矛盾

    C. 人民日益增长的美好生活需要和不平衡不充分的发展之间的矛盾

    D. 无产阶级与资产阶级的经济矛盾

## 二、判断正误

1. 改革开放以来，我国经济获得空前发展，社会主义事业进入新时代。（　　）

2. 不同的社会形态具有其特定的社会主要矛盾，新时代我国的主要社会矛盾仍然是落后的生产和人民日益增长的物质文化需求之间的矛盾。（　　）

3. 共同富裕是我国社会主义经济发展的根本目标，因此在发展过程中出现较大的收入差距无所谓。（　　）

## 三、简要回答

1. 马克思、恩格斯关于未来社会的科学构想是什么？

2. 如何理解"中国处于社会主义初级阶段"这一命题的含义？

3. 社会主义新时代的社会主要矛盾发生了哪些变化？

4. 进入新发展阶段，经济发展的国内外环境发生了哪些变化？

5. 简述以人民为中心的发展的内涵和要求。

6. 简述新时代我国社会主义生产的目的及其实现过程。

7. 简述共同富裕的内涵。

8. 简述社会主义基本经济制度的内涵。

9. 简述社会主义基本经济制度的优势。

## 四、论述

1. 论述新发展理念的内容。

2. 论述党对经济工作的集中统一领导的重大意义。

## 五、材料题

1. 结合以下材料内容分析"共同富裕"的科学内涵。

2022 年 5 月 16 日出版的《求是》杂志发表中共中央总书记、国家主席、中央军委主席习近平的重要文章《正确认识和把握我国发展重大理论和实践问题》。在这篇文章中，习近平总书记强调，促进共同富裕，不能搞"福利主义"那一套。

2. 习近平总书记在庆祝中国共产党成立 100 周年大会上的讲话中谈到：

"——以史为鉴、开创未来，必须团结带领中国人民不断为美好生活而奋斗。江山就是人民、人民就是江山，打江山、守江山，守的是人民的心。中国共产党根基在人民、血脉在人民、力量在人民。中国共产党始终代表最广大人民根本利益，与人民休戚与共、生死相依，没有任何自己特殊的利益，从来不代表任何利益集团、任何权势团体、任何特权阶层的利益。任何想把中国共产党同中国人民分割开来、对立起来的企图，都是绝不会得逞的！9 500 多万中国共产党人不答应！14 亿多中国人民也不答应！"

请在理解上述材料内容基础上，分析坚持以人民为中心的发展的内涵和要求。

# 第十章

# 中国特色社会主义所有制

## 一、名词解释

1. 生产资料所有制结构；2. 社会主义公有制；3. 国有经济；4. 个体经济；5. 私营经济；6. 外资经济。

## 二、单项选择

1. _____是一个社会经济制度的基础，决定社会性质和发展的根本方向。（    ）

   A. 分配制度　　　　　　　　　B. 生产力

   C. 生产资料所有制　　　　　　D. 生产关系

2. 一个社会的经济基础中，处于核心地位的基本经济制度是_____。（    ）

   A. 分配制度　　　　　　　　　B. 经济体制

   C. 生产资料所有制　　　　　　D. 生产关系

3. 混合所有制中的国有经济成分，其所有制属性_____。（    ）

   A. 无法判断　　　　　　　　　B. 决定于控股经济属性

   C. 属于公有制经济　　　　　　D. 属于集体经济

4. 社会主义公有制是_____共同占有生产资料的经济关系体系。（    ）

   A. 全体就业者　　　　　　　　B. 国家或各级政府

   C. 全体劳动者　　　　　　　　D. 全体社会成员

5. 发展混合所有制经济的主要途径包括（    ）。

   A. 非国有资本参与国有企业改革　　B. 国有资本参股非国有企业

   C. 探索员工持股模式　　　　　　　D. 以上全是

6. 构建新型政商关系对于领导干部而言，要做到_____。（　　）

    A. "亲"而又"清"　　　　　　　　B. "亲"上加"清"

    C. "清"上加"亲"　　　　　　　　D. "清"而又"亲"

7. 构建新型政商关系对于民营企业而言，要做到_____。（　　）

    A. "亲"而又"清"　　　　　　　　B. "亲"上加"清"

    C. "清"上加"亲"　　　　　　　　D. "清"而又"亲"

8. 非公有制经济人士健康成长，体现在_____和_____上。（　　）

    A. 个人素质，社会责任担当　　　B. 个人素质，身体健康

    C. 身体健康，精神健康　　　　　D. 企业发展，社会效益

9. 毫不动摇_____公有制经济发展是我国社会主义基本经济制度的主要规定。（　　）

    A. 巩固和发展　　　　　　　　　B. 鼓励、支持和引导

    C. 巩固、支持和引导　　　　　　D. 鼓励、支持和发展

10. 毫不动摇_____非公有制经济发展是我国社会主义基本经济制度的重要内容。（　　）

    A. 巩固和发展　　　　　　　　　B. 鼓励、支持和引导

    C. 巩固、支持和引导　　　　　　D. 鼓励、支持和发展

11. 党的十五大报告提出，股份制是中国特色社会主义公有制的（　　）。

    A. 一般实现形式　　　　　　　　B. 补充实现形式

    C. 主要实现形式　　　　　　　　D. 基本实现形式

12. 集体所有制不包括（　　）。

    A. 农村集体所有制　　　　　　　B. 城镇经济所有制

    C. 家族式企业　　　　　　　　　D. 股份合作制企业

## 三、判断正误

1. 任何一种社会形态中，生产资料所有制是唯一的，是各种社会形态相互区别的一个根本标志。　　　　　　　　　　　　　　　　　　　　　（　　）

2. 在我国，公有制经济包括集体经济和国有经济两种形式。　　　（　　）

3. 由于都属于公有制经济和私营经济按照股份制方式组合在一起，因此我国的混合所有制和欧美国家的混合所有制在本质上是一致的。　　　（　　）

4. 无论国内外，交通、卫生、市政等公用事业均由国营企业经营，说明我国国家所有制和欧美国家所有制在本质上是相同的。　　　　　　　　（　　）

5. 国有资产在量上的优势，保证了公有制的主体地位和国有经济的主导地位。

（　　）

6. 股份合作制和农村集体所有制、城市集体所有制一样，都属于集体所有制。

（　　）

7. 外资经济的所有制属性决定于其投资者的属性，由外国政府出资的外资企业属于国有经济。　　　　　　　　　　　　　　　　　　　　　　　（　　）

8. 坚持社会主义基本经济制度，就要坚持国有经济的主体地位，发挥公有制的主导作用。　　　　　　　　　　　　　　　　　　　　　　　　（　　）

## 四、简要回答

1. 中国特色社会主义所有制的主要规定有哪些？
2. 简述生产资料社会主义公有制的基本特征。
3. 我国生产资料公有制主体地位主要体现在哪些方面？
4. 为什么要保持生产资料公有制的主体地位？
5. 社会主义生产资料国家所有制具有哪些特殊的优越性？
6. 社会主义国家所有制与资本主义国家所有制存在着哪些本质区别？
7. 我国国有经济的主导作用主要体现在哪些方面？
8. 我国非公有制经济主要有哪些形式？

## 五、论述

为什么要毫不动摇地鼓励支持引导非公有制经济？（现阶段发展非公有制经济的必要性有哪些？或非公有制经济的作用主要体现在哪些方面？）

# 第十一章 | 中国特色社会主义分配制度

## 一、名词解释

1. 国民收入初次分配；2. 国民收入再分配；3. 经常转移；4. 国民收入三次分配；5. 按要素分配。

## 二、单项选择

1. "按劳分配为主、其他分配形式并存"中所讲的分配对象为_____，在商品货币关系条件下，这种分配也表现为_____分配。（　　）

    A. 产品，收入                B. 生产要素，收入

    C. 财富，收益                D. 社会财富，货币财富

2. 国民收入初次分配结束后不会形成_____。（　　）

    A. 政府收入                  B. 企业收入

    C. 个人收入                  D. 个人可支配收入

3. 下列哪一项不属于国民收入初次分配的内容_____。（　　）

    A. 征缴所得税               B. 发放工资

    C. 征收流转税               D. 企业未分配利润

4. 下列哪一项不属于国民收入再次分配的内容_____。（　　）

    A. 征缴所得税               B. 发放养老保险

    C. 领取养老金               D. 向灾区捐款

5. 发放失业救济金、征收资源税和水滴筹分别属于_____分配行为。（　　）

    A. 初次，再次，三次         B. 三次，再次，初次

    C. 再次，初次，再次         D. 再次，初次，三次

6. 马克思的设想中，在共产主义高级阶段个人消费品的分配采取（　　）。

　　A. 按劳分配

　　B. 各尽所能，按需分配

　　C. 按劳分配为主，其他分配方式并存

　　D. 按要素分配

7. 马克思的设想中，在共产主义第一阶段个人消费品的分配采取（　　）。

　　A. 按劳分配

　　B. 各尽所能，按需分配

　　C. 按劳分配为主，其他分配方式并存

　　D. 按要素分配

8. 关于产品分配，下列表述不正确的是（　　）。

　　A. 由生产决定

　　B. 总是表现为收入分配

　　C. 服从于社会成员所处的生产关系

　　D. 结果取决于社会成员在生产关系中的地位

9. 个体经济中的产品分配方式，属于（　　）。

　　A. 按劳分配　　　　　　　　　　B. 按资本要素分配

　　C. 按财产分配　　　　　　　　　D. 以上各项的结合

10. 社会主义市场经济中，按劳分配个人消费品通过三个阶段完成，其中不包括（　　）。

　　A. 国民收入的形成　　　　　　　B. 企业收入形成

　　C. 个人收入的形成　　　　　　　D. 购买消费品

11. 按劳分配的劳动报酬（　　）。

　　A. 等于劳动力价值　　　　　　　B. 小于劳动力价值

　　C. 大于劳动力价值　　　　　　　D. 和劳动力价值无关

## 三、判断正误

1. 按劳分配指的是社会总产品按照劳动者贡献的活劳动（包括数量和质量）尺度进行分配。　　　　　　　　　　　　　　　　　　　　　　　　　　　（　　）

2. 社会主义初级阶段，非公有制经济中仍实行按劳分配为主，但是必须坚持公平、公正原则。　　　　　　　　　　　　　　　　　　　　　　　　　　（　　）

3. 在私营企业和外资企业中，劳动者的工资是其将劳动使用权转让给企业所获得的劳动力价值。　　　　　　　　　　　　　　　　　　　　（　　）

4. 个体经济经营者的收入，既属于资本性收入，又属于劳动收入。　（　　）

5. 社会主义初级阶段，坚持按劳分配为主体要求按劳分配在整个社会个人收入总额中占主体地位。　　　　　　　　　　　　　　　　　　　（　　）

6. 按劳分配保证了劳动者生活水平相同，不存在差距。　　　　　（　　）

7. 按劳分配的劳动尺度，既包括活劳动，又包括凝结在生产资料中的物化劳动。
　　　　　　　　　　　　　　　　　　　　　　　　　　　　　　　（　　）

8. 按劳分配默认了劳动者天赋差异并承认因能力差异引起的劳动者在消费品占有上事实上的不平等。　　　　　　　　　　　　　　　　　　　（　　）

## 四、简要回答

1. 坚持按劳分配为主体、多种分配方式并存的基本分配制度的主要原因是什么？

2. 按劳分配的主要内容和基本要求是什么？

3. 社会主义初级阶段按劳分配的特点有哪些？

4. 按要素分配的主要方式有哪些？

5. 简述收入分配中的效率问题和作用原理。

6. 简述收入分配中的公平问题及其内容。

7. 当前居民收入差距形成的原因主要有哪些？

8. 社会主义市场经济条件下，个人消费品的分配过程是什么？

## 五、论述

如何实现"全体人民共同富裕取得更为明显的实质性进展"目标？（当前关于推进共同富裕的基本思路有哪些？）

# 第十二章

## 社会主义市场经济体制

### 一、名词解释

1. 经济体制；2. 集中计划经济体制；3. 社会主义市场经济；4. 宏观经济治理；5. 社会总供给；6. 社会总需求。

### 二、单项选择

1. 坚持社会主义市场经济改革方向，核心问题是_____。（　　）

　　A. 民生问题　　　　　　　　　B. 效率与公平的统一

　　C. 处理好政府和市场关系　　　D. 公有制与市场的有效结合

2. _____年，党的_____报告明确提出，这个经济体制改革的目标是建立社会主义市场经济体制。（　　）

　　A. 1987，十二大　　　　　　　B. 1992，十四大

　　C. 1997，十五大　　　　　　　D. 2017，十九大

3. 2020 年，党的十九届五中全会提出要构建_____的重大任务。（　　）

　　A. 高水平社会主义市场经济体制　　B. 高质量社会主义市场经济体制

　　C. 高效率社会主义市场经济体制　　D. 完善的社会主义市场经济体制

4. 现阶段，我国实现社会主义生产目的的方式是（　　）。

　　A. 市场机制与国家治理共同作用　　B. 市场调节

　　C. 政府组织完成　　　　　　　　　D. 混合经济

### 三、判断正误

1. 改革开放初始，我党就确定了建立社会主义市场经济的体制改革目标。（　　）

2. 社会主义经济体制改革是社会主义制度的自我完善，因此并不是要从根本上改变传统的计划经济体制。　　　　　　　　　　　　　　　　（　）

3. 社会主义经济体制改革是社会主义制度的自我完善，对于原有经济体制仅仅从一些做法和规则上进行优化和改良。　　　　　　　　　　　　（　）

4. 社会主义市场经济是新型市场经济，是因为政府在其中起着更重要的作用。
　　　　　　　　　　　　　　　　　　　　　　　　　　　　　　（　）

## 四、简要回答

1. 简述我国经济体制改革的性质。

2. 简述我国经济体制改革的历史成就。

3. 简述社会主义基本经济制度和市场经济能够结合的理由。

4. 市场对资源配置的决定性作用主要指什么？

5. 简述社会主义市场经济中市场作用与政府作用的协调配合。

## 五、论述

1. 我国经济体制改革形成的基本经验有哪些？

2. 论述社会主义市场经济的制度优势。

3. 社会主义市场经济中，政府作用主要包括哪些方面？（或社会主义市场经济中，政府作用的必要性是什么？）

## 六、材料分析

2018年11月13日，"伟大的变革——庆祝改革开放40周年大型展览"在中国国家博物馆开幕，各国媒体对此进行了报道：

"中国政府组织的这场展览展示了中国40年的发展成就。"西班牙埃菲社报道称，"经济改革改变了中国，史无前例的经济发展让中国成为全球第二大经济体。"

奥地利《趋势》杂志网站关注到，2010—2015年，中国在本国以外的直接投资增加了一倍。2016年中国成为全球最大的投资者，并进行了一系列引发轰动的收购。

"中国的经济腾飞虽然很难具象描述，但可以用一系列的数字来展示。"据德国《时代周报》网站报道，中国人的日常生活数字化已经很成熟。

英国《金融时报》提出，"中国的商业繁荣拥有制度与技术的双引擎"。一方面，改革开放推动中国走向法治，财税体制改革、供给侧结构性改革稳步推进，政府与市场的边界逐渐厘清。另一方面，技术创新与制度变革齐头并进，创造了新的经济增长点。

　　结合以上材料信息，总结我国经济体制改革方面的历史成就。

# 第十三章 中国特色社会主义经济发展

## 一、名词解释

1. 新发展格局；2. 新型工业化道路；3. 新型城镇化道路；4. 中国特色自主创新道路。

## 二、单项选择

1. 新发展阶段的主题是_____。（　　）

    A. 供给侧结构性改革          B. 创新

    C. 构建新发展格局            D. 高质量发展

2. 构建新发展格局的关键在于_____。（　　）

    A. 经济循环的畅通无阻        B. 交通

    C. 市场的统一                D. 分工与专业化

## 三、判断正误

1. 现阶段我国经济发展主要矛盾的主要方面在于需求侧。（　　）

2. 构建新发展格局主要在于国内循环，以弱化改革开放以来经济发展严重依赖的国际循环。（　　）

## 四、简要回答

1. 简述经济增长与经济发展之间的关系。

2. 简述高质量发展的内涵和要求。

3. 简述建设现代化经济体系的工作重点。

4. 简述构建新发展格局的意义。

5. 简述构建新发展格局的战略要点。

## 五、论述

1. 试述深化供给侧结构性改革的必然性。

2. 如何理解推动经济高质量发展的必要性?

# 第十四章

# 生态文明建设与绿色发展

一、单项选择

1. 新时代生态文明建设的根本遵循是（　　　）。

    A. 绿色发展理念　　　　　　　　B. 新发展理念

    C. 习近平生态文明思想　　　　　D. 人与自然和谐共生

2. ＿＿＿＿＿＿＿为建设美丽中国、实现中华民族永续发展提供了根本遵循。（　　）

    A. 绿色发展理念　　　　　　　　B. 新发展理念

    C. 习近平生态文明思想　　　　　D. 人与自然和谐共生

二、判断正误

生态问题的核心是生产和生活活动对环境生态的破坏，因此我们可以将生态文明建设作为一个单纯的经济问题。　　　　　　　　　　　　　　　（　　　）

三、简要回答

1. 简述习近平生态文明思想的核心要义。（新时代推进绿色发展必须坚持的基本原则是什么？）

2. 简述绿色发展的内涵。

3. 简述新时代坚持绿色发展的重大意义。

四、论述

为什么说生态环境是关系党的使命宗旨的重大政治问题？

# 第十五章

## 保障和改善民生

### 一、单项选择

1. 以下哪一项不是民生保障的特点？（　　）

    A. 公共性                 B. 普遍性

    C. 公平性                 D. 差别性

2. 民生即"人民的生计"，是指人民群众_____生存和发展的需要。（　　）

    A. 最基本的              B. 最美好的

    C. 失去劳动能力后的     D. 普遍的

### 二、判断正误

1. 保障民生的本质就是完善社会保障体系。 （　　）

2. 社会保障体系是一种减轻社会震荡的制度体系。 （　　）

3. 从涵盖内容和对象看，社会保障比民生保障更为丰富和广泛。 （　　）

### 三、简要回答

1. 简述保障和改善民生的内涵。

2. 简述经济发展和民生保障之间的关系。

3. 简述完善社会保障体系的重大意义。

4. 简述民生保障与社会保障之间的关系。

### 四、论述

分析保障和改善民生的意义。

# 第十六章 | 中国特色社会主义对外开放

## 一、名词解释

1. 进口替代；2. 出口导向。

## 二、单项选择

_____是中国第一个外向型开发区。（　　）

　　A. 蛇口工业区　　　　　　　　B. 深圳经济特区

　　C. 珠海经济特区　　　　　　　D. 厦门经济特区

## 三、判断正误

1. 对外开放是我国经济体制改革的重要方面之一，因此改革开放初期我国就全面推进对外开放。（　　）

2. 进口替代可以有效保护国内幼稚产业，因此我国在对外开放中始终坚持进口替代导向。（　　）

3. 我国实行的是进口替代与出口导向相结合的平衡型贸易发展战略。（　　）

## 四、简要回答

1. 简单分析我国对外开放的主要经验。

2. 对外开放的主要内容有哪些？

3. 引进和利用外资对我国经济发展有哪些重要作用？

4. 简述"走出去"战略的主要内容。

## 五、论述

1. 为什么说对外开放是发展中国特色社会主义经济的必由之路?（请分析对外开放的必要性。）

2. 分析新时代我国对外开放的新特点。

3. 对外开放条件下的国家经济安全主要包括哪些方面?

# 第四篇
# 经济全球化和推动
# 共建人类命运共同体

经济全球化通过贸易和金融途径，将世界各国纳入生产活动的分工体系当中，单个国家生产的高度专业性使各国经济活动密不可分。然而，竞争性是全球经济活动中国家利益关系的基本属性，更为重要的是国际经济活动缺乏对国内经济活动强制规范的法律体系。所以，以何种理念构建全球经济治理框架，是人类社会长期探索并实践的事务之一。第四篇在介绍经济全球化基本规律的基础上，讲述我国为全球经济治理提出的"人类命运共同体"理念，及其中国实践——共建"一带一路"倡议。

# 第十七章 | 经济全球化与全球经济治理

## 一、名词解释

1. 经济全球化；2. 贸易全球化；3. 生产全球化；4. 金融全球化；5. 全球经济治理；6. 国际经济秩序。

## 二、单项选择

以下哪一项不是经济全球化所经历的阶段？（　　）

    A. 殖民扩张和世界市场形成阶段    B. 两个平行世界市场阶段

    C. 经济全球化阶段    D. 经济逆全球化阶段

## 三、判断正误

1. 经济全球化扩大了市场，提高了生产的专业化和分工水平，从而对世界经济发展的作用总是正向的。（　　）

2. 2008年世界经济危机以来的经济逆全球化主要由西方发达国家主导，因此总体上其危害主要集中在阻滞发展中国家经济发展上。（　　）

## 四、简要回答

1. 经济全球化的主要表现有哪些？

2. 逆全球化的主要表现和影响有哪些？

3. 全球经济治理的内容和形式主要包括哪些？

4. 简述经济全球化面临的新形势。

## 五、论述

中国关于建立全球经济新秩序的主张有哪些？

# 第十八章

## 共建"一带一路"与推动共建人类命运共同体

---

**一、名词解释**

1. 人类命运共同体；2. "一带一路"建设。

**二、填空**

1. 2013 年，习近平在哈萨克斯坦和印度尼西亚进行国事访问时，分别提出共建_____和_____，即共建"一带一路"倡议。

2. 共建"一带一路"的本质是通过_____来催生新的需求，实现_____。

**三、简要回答**

1. 简述共建"一带一路"的核心内容。
2. 简述推动共建人类命运共同体的基本遵循。
3. 简述"一带一路"建设与推动共建人类命运共同体的关系。

**四、论述**

分析推动共建人类命运共同体的重大意义。

# 参考答案

# 导论

一、名词解释

1. 生产力：生产力是人类利用自然和改造自然、进行物质资料生产的能力。它主要包括三个要素：劳动者、劳动资料和劳动对象。

2. 生产关系：生产关系分为狭义与广义两个层次。狭义的生产关系是指直接生产过程中形成的经济关系，主要是生产资料所有制关系。广义的生产关系是指再生产过程中的经济关系。

3. 经济基础：生产关系的总和构成社会的经济基础。

4. 上层建筑：建立在一定的经济基础之上，并与其相适应的政治法律制度和设施的总和以及政治法律思想、道德、艺术、宗教、哲学等社会意识形态，构成社会的上层建筑。

5. 经济规律：经济现象和经济过程内在的、本质的和必然的联系。

二、单项选择

1. A　2. C

三、填空

1. 物质资料生产

2. 劳动者；劳动资料；劳动对象

3. 生产关系

4. 生产关系；生产力；上层建筑

5. 生产关系的总和

6. 经济；政治

7. 生产力；生产关系；经济基础；上层建筑

8. 习近平新时代中国特色社会主义经济思想

四、判断正误

1. ×　2. √

五、简要回答

1. 庸俗政治经济学的最大特征，就是：（1）从资产阶级的偏见出发，歪曲或否定古典政治经济学的科学成分，发展其庸俗成分，仅描绘经济的表面现象，避开它的本质联系；（2）掩盖阶级矛盾，否认社会发展规律；（3）专为资本主义制度辩护。

2. 首先，生产力决定生产关系。一定的生产力的发展水平和发展阶段，决定着一定的生产关系。其次，生产力的发展变化和发展要求，决定着生产关系的产生、发展和更替变化。

同时，生产关系对生产力具有反作用。当生产关系适应生产力发展的要求时，它就积极地推动生产力的发展；当生产关系不适应生产力发展的要求时，它就成为生产力发展的桎梏，阻碍和破坏生产力的发展。

3. 马克思主义政治经济学体现了科学性和阶级性的高度统一。它揭示了经济社会发展的客观规律，具有严谨的科学性；同时，它代表无产阶级的利益，具有鲜明的阶级性。

4. 一方面，经济基础决定上层建筑。经济基础的性质决定上层建筑的性质，经济基础的变革决定上层建筑的变革。

另一方面，上层建筑对经济基础具有反作用。当上层建筑适应新的经济基础而建立起来时，它就对新经济基础的巩固和发展起到积极的促进和服务作用。否则，它就对新经济基础的形成和发展起到消极的阻碍作用。

经济基础和上层建筑的辩证关系，集中体现为经济和政治的辩证关系。

5. 经济规律独立于人们的意识之外发挥作用，具有客观性。

经济规律的客观性，一方面是指它不以人们的主观意志为转移，在经济发展趋势上呈现出必然性；另一方面是指它自身不能说明自身，而应该从对历史发展过程的分析中得到发现和证明。

经济规律的客观性表现为经济规律具有重复性、普遍性和强制性。

# 第一章

一、名词解释

1. 商品：用于交换的劳动产品，是使用价值与价值的统一。

2. 使用价值：商品能够满足人的某种需要的属性。

3. 价值：凝结在商品中的无差别的一般人类劳动。

4. 社会必要劳动时间：在现有的社会正常的生产条件下，在社会平均熟练程度和劳动强度下，制造某种使用价值所需要的劳动时间。

5. 第二种含义的社会必要劳动时间：由社会生产和生活的需要本身最终决定，并由有支付能力的市场需求直接决定了应该或必须投入到各类产品生产上去的劳动量，即第二种含义的社会必要劳动时间。

6. 复杂劳动：需要经过专门训练和学习、具有一定技术专长才能胜任的劳动。

7. 劳动生产率：劳动者生产某种商品的劳动效率，一般用单位时间的产量或者单个商品的生产时间表示。

8. 商品的拜物教性质：商品所具有的把人们之间的社会关系虚幻为物与物的关系的性质，就是商品的拜物教性质。

二、单项选择

1. B  2. A  3. B  4. B

三、填空

1. 价值；使用价值；使用价值；价值

2. 使用价值；使用价值

3. 交换价值

4. 具体劳动；抽象劳动；具体劳动；抽象劳动

5. 劳动二重性

6. 私人劳动；社会劳动

7. 私人劳动；社会劳动

8. 生产社会化；生产资料资本主义私人占有

9. 生产社会化；生产资料资本主义私人占有

10. 第二种含义的社会必要劳动时间

11. 简单劳动；复杂劳动

四、判断正误

1.× 2.× 3.√ 4.× 5.× 6.× 7.×

五、简要回答

1.（1）抽象劳动即无差别的一般人类劳动，是形成商品价值的唯一源泉，再加之中不包含任何一个自然物质的原子。

（2）任何商品的市场都要耗费一定量的人类劳动，但是只有体现劳动的质的统一性的抽象劳动决定了商品交换中量的可比性，因而商品的交换本质上是等量抽象劳动的交换。

（3）作为价值实体的抽象劳动只有在商品交换过程中才能表现出来，只有在交换价值上才能得到独立的体现。

2.（1）价值和使用价值是商品的二因素，商品是这两个因素的统一体。

（2）劳动的二重性指的是生产商品的劳动具有具体劳动和抽象劳动二重属性，其中具体劳动意味着劳动是劳动力在特殊的有一定目的的形式上的耗费，抽象劳动是劳动力在生理学意义上的耗费，是无差别的一般劳动。

（3）生产商品劳动的二重性和商品的二因素是相互对应的范畴，即具体劳动创造商品的使用价值；抽象劳动创造商品的价值。

（4）上述两个创造过程本质上是同一劳动过程的两个方面。

3.（1）两种定义：社会必要劳动时间指在现有的社会正常的生产条件下，在社会平均熟练程度和劳动强度下，制造某种使用价值所需要的劳动时间。第二种含义的社会必要劳动时间指由社会生产和生活的需要本身最终决定，并由有支付能力的市场需求直接决定了应该或必须投入到各类产品生产上去的劳动量，即第二种含义的社会必要劳动时间。

（2）两者之间是辩证的关系，即第一种含义的社会必要劳动时间决定商品的价值量，第二种含义的社会必要劳动时间决定由第一种含义决定的商品价值量的实现程度。

4. 两者的矛盾是指商品的使用价值和价值不能同时拥有。对于生产者来说，其生产商品的目的是获得商品价值，而获得价值只能通过让渡商品的使用价值来实现；对于消费者来讲，购买商品是为了获得商品的使用价值，而获得使用价值只能通过支付的价值来实现。

矛盾的解决只能通过商品交换。

六、论述

1. （1）基本矛盾意味着，商品的使用价值和价值的矛盾、具体劳动和社会劳动的矛盾都根源于私人劳动和社会劳动的矛盾。

（2）商品经济的正常运行，必然要求私人劳动转换成社会劳动，但是这种转化需要两个条件：一是私人劳动必须作为一种有用劳动，满足一定的社会需求，二是各种私人劳动按照等价交换原则恰好均衡。

（3）私人劳动要转化成社会劳动，就必须抛开私人劳动的具体差别，即实现具体劳动向抽象劳动的还原；具体劳动生产使用价值，抽象劳动形成商品的价值，即产生商品的二重属性。

（4）商品所具有的各种矛盾都根源于生产商品的私人劳动和社会劳动的矛盾。

2. （1）劳动二重性学说第一次阐明了具体劳动和抽象劳动在价值形成中的不同作用，并在此基础上揭示了剩余价值的真正来源，创立了剩余价值学说。

（2）资本有机构成等一系列马克思主义政治经济学重要理论的创立都同劳动二重性相关。

（3）马克思之前的经济学理论正是缺乏了劳动二重性学说，才未能说明使用价值和价值之间的关系，也未能揭示剩余价值的真正来源。

# 第二章

一、名词解释

1. 货币：固定充当一般等价物的特殊商品。

2. 纸币：纸币是由国家发行并依靠国家权力强制发挥货币职能的纸质货币符号。

3. （货币的）支付手段职能：即延期支付职能，当货币在清偿债务或支付租金、利息时，商品的让渡和货款的支付在时间上不同步，出现延期支付，此时货币充当支付手段。

4. 通货膨胀/紧缩：由于货币发行量超过/低于流通中实际需要量而引发的物价总水平普遍上升/下降的经济现象。

5. 货币流通：货币作为流通手段不断在买者和卖者之间的运动。

二、单项选择

1. C　2. A　3. A　4. D

三、填空

1. 相对价值形式；等价形式

2. 一般

3. 货币

4. 价值尺度；流通手段

四、判断正误

1. √　2. √

五、简要回答

1. 商品价值的呈现形式经历了四个阶段，最终取得货币形式：

（1）简单的、个别的和偶然的价值形式：一种商品和另一种商品的偶然交换，前一种商品的价值表现为第二种商品的使用价值。

（2）总和的和扩大的价值形式：一种商品和多种商品的交换，前一种商品的价值表现为多种商品的使用价值。

（3）一般的价值形式：多种商品和一种商品的交换，多种商品的价值表现为后一种商品的使用价值，这种商品也成为一般等价物。

（4）货币形式：充当一般等价物的商品固定下来，就成为货币。

2.（1）由于所有商品将自己的价值表现在货币商品上，因此货币商品成为社会劳动的化身，具有和一切商品交换的能力，成为社会财富的一般代表。

（2）作为商品交换的一般等价物，货币体现了商品生产者之间的社会关系。

3. 货币具有五种职能：

（1）价值尺度：作为表现、衡量和计算商品价值量的尺度。

（2）流通手段：充当商品交易媒介。

（3）储藏手段：货币退出流通以储藏社会财富。

（4）支付手段：用于延期支付。

（5）世界货币：作为国际商品交易的媒介。

其中价值尺度和流通手段是基本职能，其余三个是派生职能。

4.（1）货币流通规律即货币流通、商品流通相适应的规律，其基本要求是流通中的货币量必须满足商品流通的需要。

（2）其主要内容如下式：

$$一定时期内流通中需要的货币量 = \frac{流通中商品价格总额}{统一货币单位的平均流通速度}$$

（3）执行支付手段也会影响货币流通量，具体如下式：

一定时期内流通中需要的货币量 =

$$\frac{流通中商品价格总额 - 赊销商品价格总额 + 到期支付总额 - 互相抵消支付总额}{统一货币单位的平均流通速度}$$

（4）执行价值储藏手段也会影响货币流通量。由于金属货币具有价值，因此当货币流通量大于流通需要量时，货币名义值低于其实际价值，人们将货币金属转化为普通商品，货币流通量减少直至货币流通量与流通需要量相等。反之亦然。

5.（1）纸币流通规律是以金属货币流通规律为基础的，单位纸币所能代表的金属货币量就是流通中所必要的金属货币量与流通纸币量的比值。纸币发行的原则是纸币发行量必须限于流通中所需要的金属货币量。

（2）如果纸币发行量和流通需要的金属货币量相等时，纸币单位就能代表单位金属货币，价格稳定；

（3）如果纸币发行量超过流通需要的金属货币量时，纸币单位就能代表金属货币的单位减少，出现通货膨胀；

（4）如果纸币发行量小于流通需要的金属货币量时，纸币单位就能代表金属货币单位提高，出现通货紧缩。

六、计算

根据货币流通规律：

流通中货币需要量 =（2 800-700+800-500）/8 = 300（亿元）

# 第三章

一、名词解释

1. 自然经济：即自给自足经济，也就是生产直接满足生产者自身需求而不是为了交换的经济形式。

2. 商品经济：生产以交换为目的的经济形式，是商品生产和商品交换的统称，分为简单商品经济和市场经济两个阶段。

3. 简单商品经济：商品经济的初始形式，以生产资料的个体私有制和个体劳动为基础。

4. 市场经济：商品经济的高级形式，当商品经济发展到全社会，市场成为调节社会资源配置的基础性机制，商品经济进入市场经济阶段。

5. 价值规律：商品经济的基本规律，主要内容包括：（1）商品的价值量由生产商品的社会必要劳动时间决定；（2）不同商品按照等价原则交换。

6. 市场机制：在市场经济中通过供求和价格变动、市场竞争、风险约束等途径调节经济运行和实现资源配置的作用过程。市场机制主要包括价格机制、供求机制、竞争机制和风险机制。

7. 市场体系：相互联系、相互补充的各级各类市场的总和。

8. 市场秩序：市场运行中必须遵循的各种行为准则和行为规范的总称。

二、单项选择

1. B　2. A　3. A

三、填空

1. 生产；交换

2. 社会分工；生产资料归不同所有者所有

3. 简单商品经济；个体私有制；个体劳动

4. 价值规律

四、判断正误

1. ×　2. √　3. ×

五、简要回答

1. （1）商品生产突破了自然经济的界限，可以广泛调动社会资源进行社会生产。

（2）商品生产者独立生产经营，经济利益独立，能极大地激励其生产积极性，这是商品经济发展的内在动力。

（3）商品生产者之间的交换遵循等价交换原则，从而得到真正的发展。

（4）商品经济具有竞争性，推动了生产者提高经济效率并关心社会需求。

2. （1）市场在资源配置中起决定性作用。

（2）企业是市场的主体。

（3）生产要素配置的市场化。

（4）法制和信用成为交换的基础。

（5）经济的开放性。

（6）国家调节更加重要。

3. （1）市场机制是指市场经济中通过供求和价格变动、市场竞争、风险约束等途径，来调节经济运行和实现资源配置的作用过程。

（2）主要包括：

价格机制：市场主体依据价格及其变化调节生产、消费决策。

供求机制：调节市场供求矛盾使其趋于均衡的机制。

竞争机制：市场通过竞争关系，即各种市场经济主体为了实现自身利益目标而发生的相互排斥甚至相互冲突的利益关系，进行资源配置和激励。

风险机制：利用风险，即因市场中不确定性而造成经济主体利益受损的可能性，一方面鼓励经济主体的创新行为，另一方面约束其冒险行为。

4. 价值规律是商品经济的基本规律，其基本内容是：商品价值量由生产商品的社会必要劳动时间据欸的那个，不同商品的交换按照等价原则进行。

其在商品经济中的作用主要包括：

（1）微观上，激励创新、优胜劣汰。为了获得更大利益，企业均会努力创新以降低自身生产商品的个别劳动时间使之低于社会必要劳动时间，其结果是社会必要劳动时间的降低。

（2）宏观上，分配社会劳动，调节资源配置。以社会劳动为主要内容的资源在商品经济中是通过价值规律被按比例分配到市场当中的。

六、论述

（1）一方面价值规律发挥作用要受到现实因素的制约，另一方面其作用的有效性也是有范围的。

（2）制约价值规律起作用的因素包括：

第一，市场信息的真实性。市场信息的真实性是等价交换的基础，如果商品自身的质量、成本等属性以及交易者愿望等信息不能通过价格准确反映出来，会使供给结构和需求结构发生严重扭曲，最终形成商品价值实现的危机。

第二，市场信息的充分性。充分的市场信息是避免市场行为盲目性的前提，其中包括确定价格所需要的信息和预测价格所需要的信息。现实中信息往往是不充分的，由此商品生产者的行为不可避免带有盲目性，导致供求失衡。

第三，市场活动的竞争性。竞争是市场的灵魂，正是竞争保证了价值规律的正常运行，但是现实中不可避免会出现垄断现象，从而限制竞争水平，最终导致价值规律失效。

（3）在水平和交换领域之外，价值规律的作用有限，甚至会有负面效果。例如在自然资源的利用方面、生态环境的保护方面以及国家安全与社会保障等领域，价值规律均不能有效发挥作用，在这些领域强行引入市场交换范围会带来严重后果。

# 第四章

一、名词解释

1. 原始积累：是指在 15—16 世纪，资产阶级通过暴力手段迫使生产者和生产资料相分离的历史过程，这一过程形成了集中在少数人手中的资本和一无所有但有人身自由的工人阶级，为资本主义创造出经济前提。

2. 垄断：指在生产集中和资本集中高度发展的基础上，少数资本主义大企业为获得高额垄断利润额而对某些部门的生产和市场实施独占或控制。

3. 国家垄断资本主义：资本主义国家和私人垄断资本相结合而形成的一种垄断资本主义。

二、单项选择

1. C　2. B　3. A　4. A　5. B　6. C

三、填空

1. 生产者；生产资料

2. 资本主义政治制度

3. 资本对劳动的雇佣和剥削

四、判断正误

1. ×　2. √

五、简要回答

1. 经济条件：一方面大批失去生产资料且具有人身自由的劳动者，另一方面是少数人积累起足够的货币资本。这个条件产生的过程就是资本的原始积累过程，其中圈地运动最为典型；

政治条件：资本主义政治制度的建立。通过资产阶级革命完成。

物质技术基础：资本主义机器大工业。通过工业革命完成。

2. 相对于独资经营，私人股份所有制具有以下特点：

（1）资本的所有者具有多元性。

（2）资本的所有权具有一定社会性。

（3）企业经营具有长期连续性。

（4）资本的所有者和经营者分离。

股份制克服了个别资本积累的局限性，成为促进生产力发展的有力杠杆，推动了工业化进程。

3.（1）主要原因是法人所有制有助于加强法人组织的联系，克服公司行为的短期性。

（2）具体来说，法人所有制相对于个人或家族持股，通过资本融合和人事结合，使得法人机构之间建立起稳定的关系。

（3）通过法人机构之间这种良好的关系，经营环境的不确定性得以缓和，法人组织可以从长远利益出发展开经营活动。

4. 资本主义经济制度是不断发展演变的，大体经历了三个发展阶段：

（1）从资本主义制度的确立到19世纪70年代，是自由竞争资本主义阶段。这一阶段，资本主义经济以分散的业主制企业为主体。

（2）19世纪六七十年代，开始向垄断资本主义过渡。

（3）20世纪三四十年代之后，资本主义进入国家垄断资本主义阶段。

5. 根据国家和私人垄断资本结合的不同情况，国家垄断资本主义形成了各种形式：

第一，实施国家宏观调节，即作为总资本家的国家通过财政、金融和法律等手段对资本主义经济的运行过程进行调节。

第二，创办合营企业，即国家资本和私人垄断资本联合投资创办企业，或相互购买对方企业的股票。

第三，建立国有企业，即国家作为资本家的总代表成为企业的所有者，国家资本和私人垄断资本融合为一体。

在三种形式中，国家调节经济是最重要的形式。

六、论述

生产社会化与生产资料的资本主义私有制之间的矛盾是资本主义经济的基本矛盾，这一矛盾发展必然导致资本主义经济制度从一般垄断资本主义向国家垄断资本主义发展。具体机制如下：

第一，私人垄断资本对关乎国计民生的重大项目以及对国民经济具有重要作用的基础性、支柱性产业或部门，因其投资规模大、周期长而缺乏投资意愿和投资能力，必须依靠国家的力量来筹集大规模建设所需的巨额资本。

第二，私人垄断资本不愿投资大规模公共设施的建设。随着经济社会的发展，需求越来越大的公共设施，往往投资巨大，周期长，甚至没有经济收益，只能通过国家的力量来建设。

第三，私人垄断资本不愿涉足重大的科学研究和技术开发。科技成果的基础研究风险大、回报慢，只能由国家投资进行。

第四，私人垄断资本难以解决社会总产品的实现问题。资本主义经济基本矛盾经常导致市场上商品过剩，发生经济危机，对此私人垄断资本无力解决，只能要求资本主义国家对市场进行干预和调节。

第五，私人垄断资本无力调节社会财富的两极分化。财富占有的两极分化是资本主义制度固有的矛盾，导致社会的不稳定，甚至威胁资本主义国家政权的稳固，要求资本主义国家介入国民收入再分配领域，缓和阶级矛盾。

从以上分析可以看出，国家和私人垄断资本的紧密结合，在一定程度上突破了私人垄断资本的局限性，缓和了资本主义基本矛盾，促进了生产力的发展。

# 第五章

一、名词解释

1. 资本总公式：货币—商品—更多的货币（$G-W-G'$），表示了商业资本、产业资本和借贷资本运动的共同特点，即通过先买后卖的过程获得资本增殖，因此被称为资本的总公式。

2. 资本总公式的矛盾：价值规律要求商品交换按照等价原则进行，而完全以商品交换为基础的资本总公式却表现出增殖结果，从而和价值规律相矛盾，被称为资本总公式的矛盾。

3. 绝对剩余价值：资本家增加剩余价值的一种方式，即通过延长劳动时间，在工人必要劳动时间不变条件下增加了剩余劳动时间从而增加剩余价值的方式。

4. 相对剩余价值：资本家增加剩余价值的一种方式，即通过缩短必要劳动时间，在工人劳动时间不变条件下增加了剩余劳动时间从而增加剩余价值的方式。

5. 超额剩余价值：由于个别企业通过技术进步提高了其劳动生产率，从而使得此企业生产商品的个别劳动时间低于社会必要劳动时间，即个别价值低于商品价值，其中的差价即该企业获得的超额剩余价值。

6. 剩余价值率：剩余价值与可变资本价值量之间的比率。

7. 不变资本：产业资本中用于购买生产资料的部分，这部分资本的价值会通过工人的具体劳动等量地转移到新商品中，不会增值，因此成为不变资本。

8. 可变资本：产业资本中用于购买劳动力的部分，这部分资本的价值会在生产过程以外以购买生活资料的形式被消耗，然后通过工人的劳动以大于原来数量的新价值的方式补偿，因此成为可变资本。

9. 剩余价值规律：资本主义的生产目的和动机是最大限度地追求剩余价值，而达到这一目的的手段是不断扩大和加强对雇佣劳动的剥削。

10. 剩余价值：雇佣工人所创造的并被资本家无偿占有的超过劳动力价值的那部分价值，即雇佣工人在剩余劳动时间创造的价值。

11. 简单再生产：规模不变的再生产。

12. 扩大再生产：规模不断扩大的再生产。

13. 资本积累：剩余价值转换为资本，就是资本的积累。

14. 资本积聚：个别资本通过自身剩余价值资本化来扩大其资本额。

15. 资本集中：几个资本结合成一个较大资本而引起的个别资本规模的增大。

16. 资本技术构成：反映生产技术水平的生产资料和劳动力的比例，叫做资本技术构成。

17. 资本价值构成：一个资本中不变资本与可变资本的比例，叫做资本价值构成。

18. 资本有机构成：由资本技术构成决定的并且反映技术构成变化的资本价值构成。

二、单项选择

1. A　2. B　3. D　4. B　5. A　6. C　7. A

三、填空

1. 剩余价值理论

2. 剩余价值规律

3. 最大限度地追求剩余价值

4. 商品—货币—商品（$W$—$G$—$W$）

5. 货币—商品—货币（$G$—$W$—$G'$）

6. 剩余价值；可变资本

7. 不变资本；可变资本

8. 财富的积累；贫困的积累

四、判断正误

1. ×　2. ×　3. ×　4. ×　5. ×　6. ×　7. ×　8. ×　9. √　10. ×

五、简要回答

1. 劳动力成为商品，必须具备两个基本条件：

（1）劳动者必须具有人身自由，即是自己劳动力的主人，同时这种所有关系必须是持续性的，保证劳动力能够出卖；（2）劳动者丧失了生产资料和生活资料，既没有发挥劳动力的物质条件，也没有其他手段维持生存，不得不出卖劳动力。

2. 资本总公式的形式（$G-W-G'$）表明货币资本在流通中获得了增值，这一点和市场经济中流通所遵循的价值股一律相矛盾，因为后者要求等价交换。这一矛盾就是资本总公式的矛盾。

资本总公式的矛盾根源于劳动力商品的特殊性质，即劳动力的使用价值就是创造价值，而且能够创造出比自身价值更多的价值。因此，资本总公式中劳动力商品在交易中并不违背价值规律所要求的等价交换原则，但是劳动力商品在生产中创造出了高于自身价值的价值，导致掩盖了生产过程的货币资本流通过程在表面上与价值规律相矛盾。

3. 剩余价值的生产有两种方式，即绝对剩余价值生产和相对剩余价值生产。

绝对剩余价值生产指的是在社会必要劳动时间不变的条件下，由绝对延长工作日的劳动时间或者提高劳动强度而生产的剩余价值。

相对剩余价值生产指在工作日劳动时间不变的条件下，资本家通过缩短必要劳动时间相对延长剩余劳动时间而生产的剩余价值。

4. 相对剩余价值生产指在工作日劳动时间不变的条件下，资本家通过缩短必要劳动时间相对延长剩余劳动时间而生产的剩余价值。

但是这个结果并不是由资本家直接获得的，而是以追求超额剩余价值为目标而间接达到的效果。

由于商品的价值决定于社会必要劳动时间，所以每个资本家都争相提高自己企业的劳动生产率并缩短个别劳动时间，从而获得个别劳动时间超过社会必要劳动时间所创造的超额剩余价值。

资本的本能和竞争迫使资本家普遍进行这种行为，生产商品的社会必要劳动时间会缩短，商品价值降低。在这个过程中，构成劳动力价值的生活用品的社会必要劳动时间也会降低，从而使劳动力价值降低，进而导致一般商品生产过程中的必要劳动时间降低，资本家获得相对剩余价值。

（两个要点：资本家直接追求超额剩余价值，结果导致获得相对剩余价值）

5. 两者相互联系又相互区别：

（1）从剥削的本质来看两者是一致的，都属于将工人劳动时间延长至必要劳动时间之外。

（2）绝对剩余价值生产是资本主义剥削的一般基础，是相对剩余价值生产的起点。

（3）相对剩余价值生产是以绝对剩余价值存在为前提的。

（4）两种方法在资本主义不同时期的作用大小不同，绝对剩余价值在资本主义初期占主导地位，随后慢慢转为以相对剩余价值生产为主。

6.（1）剩余价值规律决定着资本主义生产的实质——生产剩余价值，获取尽可能多的剩余价值是资本家从事一切生产经营活动的决定性动机。

（2）剩余价值规律决定着资本主义生产发展的一切主要方面和主要过程。资本主义的生产、流通、分配和消费等主要方面和主要过程，都以获取剩余价值为出发点和落脚点。

（3）剩余价值规律还决定了资本主义的经济发展及其历史趋势。追求剩余价值一方面迫使资本家发展生产力，从而推动经济发展；另一方面也让资本家尽可能去剥削无产阶级从而不断激化和加深生产力与生产关系的矛盾，最终导致其被新的生产关系所替代。

（记忆要点：实质、现在和未来）

7. 首先，如果劳动是商品，价值量就无法计算。价值的本质是人类无差别劳动，劳动的价值是劳动不符合逻辑。

其次，劳动不是独立存在的"经济的具体物"，不能作为商品出卖。

最后，将劳动视为商品，不是违背价值规律，就是违背剩余价值规律。如果劳动成为商品，则资本总公式要成立，要么不等价交换，要么剩余价值不会存在——前者违背价值规律，后者违背剩余价值规律。

（记忆要点：不符合常识）

8. 当劳动力不能在国际流动时，劳动力价值和工资会出现国民差异，原因在于：

（1）劳动生产率的国际差异。劳动生产率越高的国家，劳动力价值和工资越高。

（2）劳资力量对比的国际差异。

（3）垄断资本主义世界体系下落后资本主义与发达资本主义国家的差异。发达资本主义国家对落后资本主义国家的剥削也会反映到无产阶级的工资上来。

（记忆要点：生产率、斗争和国际剥削）

9. 简单商品流通公式是：商品—货币—商品（$W-G-W$），商品生产者首先是卖出自己的商品，取得货币，然后再以货币买进自己需要的商品。资本总公式是：$G-W-G'$。简单商品流通公式与资本总公式有显著的区别：

（1）买和卖的顺序不同，前者是先卖后买，后者是先买后卖。

（2）流通的起点和终点不同，前者的起点和终点是商品，后者的起点和终点是货币。

（3）流通中充当媒介的东西不同，前者是货币，后者是商品。

（4）在商品流通公式中，货币只是作为购买手段，充当商品流通媒介，它并不是资本。而在资本流通中，货币在运动中发生了价值增殖，带来了剩余价值，这时的货币转化为了资本。

（5）商品流通的目的是取得货币，即交换价值本身。资本总公式中，资本流通的目的是实现价值增殖，即取得剩余价值。

（记忆要点：顺序123、货币数量4和目的5）

10. 简单再生产是资本家将剩余价值完全消费的再生产过程，从中可以清晰看出：

（1）资本的不断循环表明，可变资本，即作为劳动报酬的工资，是工人自己创造的。

（2）资本不论初期是怎么来的，但经过一段时间的消费之后仍然不减少的结果表明，工人的工资其实就是工人阶级创造的。

（3）消费是工人恢复体力从而可以重复投入资本主义生产的前提，这一点表明以工资为基础的工人消费，完全从属于资本家追逐剩余价值的目的。

（记忆要点：揭穿假象——资本家养着工人）

11. （1）相同点：都属于个别资本扩大规模的方式。

（2）区别：但是积聚会导致社会资本总量扩大，后者却不会。

（3）联系：一方面，积聚扩大个别资本规模，增强其竞争力，从而有利于其以收购等方式进行资本集中；另一方面，资本集中提高个别资本规模，提高其竞争力从而获得更多剩余价值，加速资本积聚。

（记忆要点：本质相同，手法有异，狼狈为奸）

12. 首先，在资本主义经济运动的繁荣、衰退、萧条和复苏等不同阶段，相对剩余人口为其劳动力需求变化提供劳动力蓄水池的作用。

其次，在资本主义经济运动中，始终存在的相对过剩人口给无产阶级施加了竞争压力，从而将劳动力市场的作用范围（本质是劳动力短缺对生产活动的影响力）限定在剩余价值生产的界限之内。

13.（1）资本有机构成不断提高。

（2）个别资本积聚过程中伴随着不断集中的趋势。

（3）始终伴随人口的相对剩余现象。

（4）导致社会财富两极分化的结果——资本积累结果，一极是资本家财富的积累，另一极是无产阶级贫困的积累。

14. 由生产和再生产劳动力的社会必要劳动时间决定；由生产、发展、维持和延续劳动力所必需的生活资料的价值构成。具体包括三个方面：正常状况下维持劳动者本人所必需的生活资料价值的总和；维持家属生活所必需的生活资料的价值；劳动者的教育和培训费用。

六、计算

1.（1）剩余价值率＝剩余劳动时间/必要劳动时间＝4/4×100%＝100%

（2）剩余价值率＝剩余劳动时间/必要劳动时间＝8/4×100%＝200%

（3）剩余价值率＝剩余劳动时间/必要劳动时间＝（4+2）/（4−2）×100%＝300%

2.（1）价值决定于社会必要劳动时间，因此每月不变资本转移到水泥产品当中的价值＝12 000/10/12+120＝220（万元）

新创造价值＝$v+m$＝$v+v×m'$＝500×800+500×800×100%＝80（万元）

5 000 吨水泥总价值＝220+80＝300（万元）

每吨水泥价值＝3 000 000/5 000＝600（元）

（2）劳动生产率提高了30%，因此该企业月产量增加额＝5 000×0.3＝1 500（吨）

同时，产量的增加也会耗费更多的原材料，产生的额外成本：

120×0.3＝36（万元）

因此超额剩余价值＝超额收入−额外成本＝1 500×600−360 000＝540 000（元）

3.（1）可变资本 $v$＝40

每天剩余价值＝200×12−2 160−40＝200（元）

新创造价值＝40+200＝240（元）

（2）每天剩余价值＝200×12−2 160−40＝200（元）

（3）$m'$＝$m/v$＝5

# 第六章

一、名词解释

1. 固定资本：以机器、厂房、工具等劳动资料形式存在的生产资本。这部分资本在物质形式上全部参加生产过程，并且往往要在多次生产过程中反复发挥作用。它们会在生产中产生磨损，但是直到报废以前，它们的使用价值基本上是完整的。

2. 流动资本：以原料、辅助材料、燃料等生产资料形式，以及劳动力形式存在的生产资本。

3. 固定资本的无形损耗：固定资本的劳动生产率提高，或者固定资本出现更高效、更低廉的替代品，会导致固定资本价值降低，这种由于劳动生产率的提高而引起的固定资本的价值损失，称为固定资本的无形损耗，又叫精神损耗。

4. 社会总产品：指社会各个物质生产部门在一定时期内（通常以年为单位）生产出来的全部物质产品的总和。

5. 社会总产品的实现：包括价值补偿和实物补偿两个方面，前者指社会从商品资本到货币资本的转化，即社会总产品各个组成部分的价值通过商品的出售以货币形式回流，用于补偿在生产中预付的不变资本和可变资本，并且取得剩余价值。后者指社会总产品各个组成部分转化为货币以后，必须进一步转化为所需要的物质产品。

6. 产业资本：投在生产领域、能够生产剩余价值的资本，如工业、农业、建筑业、交通运输业等领域的资本。

7. 资本循环：产业资本的运动依次经过购买、生产、销售三个阶段，分别采取货币资本、生产资本、商品资本三种形态，实现价值增殖，最后又回到原来的出发点。这个过程称为产业资本的循环。

8. 资本周转：产业资本从货币资本开始，又回到货币状态的流通过程称为资本周转。

9. 资本总周转：预付资本在一定时期内（通常为一年）全额回到货币资本的循环过程。

10. 年剩余价值率：年剩余价值率是年剩余价值量与预付可变资本的比率，反映的是预付可变资本在一年中的增殖程度。

二、单项选择

1. B　2. C　3. D　4. A　5. B　6. C　7. D　8. A　9. C　10. B　11. C　12. A　13. C

三、多项选择

1. AB　2. ACD　3. ABCE　4. BD　5. CDE　6. AE　7. BCE　8. ABC　9. ACE

四、填空

1. 购买、生产、销售；货币资本、生产资本、商品资本；货币资本循环、生产资本循环、商品资本循环

2. 货币

3. 生产

4. 商品

5. 生产资料的储备时间、劳动时间、劳动中断时间、自然力作用的时间

6. 生产要素购买时间、商品销售时间

7. 有形损耗；无形损耗

8. 不变资本；可变资本；剩余价值

9. $I(v+m) = IIc$；$I(c+v+m) = Ic + IIc$、$II(c+v+m) = I(v+m) + II(v+m)$

10. $I(c+v+m) > Ic + IIc$、$II(c+v+m) > I(v+m/x) + II(v+m/x)$；

　　$I(v+\Delta v + m/x) = II(c+\Delta c)$；$I(c+v+m) = I(c+\Delta c) + II(c+\Delta c)$、

　　$II(c+v+m) = I(v+\Delta v + m/x) + II(v+\Delta v + m/x)$

五、判断正误

1. ×　2. ×　3. ×　4. ×　5. √

六、简要回答

1. （1）三个阶段：购买阶段（$G-W$），生产阶段（$W-P-W'$），销售阶段（$W'-G'$）。

（2）三种形态：货币资本 $G$，生产资本 $P$，商品资本 $W$。

（3）三种形式：货币资本循环，生产资本循环，商品资本循环。

2. 一方面，生产过程必须以流通过程为前提，即生产资料的购买过程；另一方面，产品的价值和剩余价值的实现也必须通过流通方式，即商品的销售过程。

3. 第一，产业资本的三种形态必须在空间上并存，即由具体生产经营情况决定货币资本、生产资本和商品资本按照一定比例同时存在。

第二，产业资本三种形态在时间上相继转化，即购买、生产、销售过程必须顺利展开从而保证三种形态顺利转化。

4. 固定资本是以机器、厂房等劳动资料存在的生产资本。每次生产活动中，这些

资本的使用价值并不一次消耗完，价值转移也不一次完成。

流动资本是以原料、辅助材料等生产资料形式，以及劳动力形式存在生产资本，这类资本的使用价值在每次生产活动结束时完全被消费，价值完全被转移或回流。

5. 一是生产资料的储备时间，及生产资料购买回来到进入使用过程的时间。

二是劳动时间，即劳动者实际使用生产资料的时间。

三是劳动中断的时间，即必要的劳动中断时间，以进行机器维修等。

四是自然力作用的时间，即商品完成期间需要自然作用的时间，例如酿酒所需要的发酵时间。

6. 固定资本与流动资本的划分标准是使用价值是否随着一次生产活动完成而被消耗完；不变资本与流动资本的划分标准是在生产活动中价值是否会增殖。

7. 有形损耗是指由于生产性使用或自然力作用而造成的固定资本在物质上的损耗，又称物质损耗；无形损耗是指由于劳动生产率的提高而引起的价值损失，又叫精神损耗。

折旧指的是随着固定资本的损耗，价值逐步转移到商品中去，企业会在每次商品销售后将其转移的价值以货币形式积累起来的过程。

折旧过程中积累起来的用于补偿固定资本价值的货币称为折旧基金。

每年的折旧金与固定资本本金的比例称为折旧率。

8. 资本周转速度越快，维持同样规模的生产，需要的预付资本量越少，反之越多。

同样数量的预付资本，资本周转速度（$n$）越快，年剩余价值率（$M'$）越高，年剩余价值量（$M$）越大，反之年剩余价值率越低，年剩余价值量越小；用公式表示即

$$M = M'v = m'nv$$

9. 无形损耗分两种途径，一是机器设备自身生产劳动必要时间因为技术进步而降低；二是机器设备的替代品价值降低，导致固定资本的价值贬损。

10. 社会总产品，是指社会各个物质生产部门在一定时期内生产出来的全部物质产品的总和。

社会总产品的实现，是指社会从商品资本到货币资本的转化。其内容包括两方面，一是价值补偿，即社会总产品各个组成部分的价值通过商品的销售以货币形式回流，用以补偿在生产中预付的不变资本和可变资本，并取得剩余价值。

二是实物补偿，即社会总产品的各个组成部分转化为货币后必须进一步转化为所需要的物质产品，以使再生产过程顺利延续。

11.（1）随着经济全球化的不断发展，大规模的资本国际循环开始形成和发展。

（2）第二次世界大战以来，技术、基础设施和管理方式的创新，使得资本的周转时间缩短、流通费用减少。

（3）发达资本主义国家的社会总需求管理在一定程度上暂时减轻了资本主义相对过剩问题，但同时又衍生出新的经济危机因素。

七、计算

1.（1）固定资本额＝50（万元）

流动资本额＝20+10＝30（万元）

（2）不变资本额＝50+20＝70（万元）

可变资本额＝10（万元）

（3）预付资本的年周转次数＝资本年周转量/预付资本额

＝（50/2+20×12/3+10×12/3）/（50+20+10）＝145/80＝29/16（次/年）

（4）10/（2+0.5+0.5）＝10/3（万元）

（5）固定资本的周转次数＝1/2

流动资本年周转次数＝12/（2+0.5+0.5）＝4（次/年）

（6）年剩余价值总额＝0.5×10×（12/3）＝20（万元）

年剩余价值率＝4×0.5＝2

（7）固定资本年折旧率＝0.5

2. 预付资本＝25+50+5+10+10＝100（万元）

固定资本年周转总额＝25/5+50/20+5/5＝8.5（万元）

流动资本年周转总额＝（10+10）×5＝100（万元）

预付资本周转次数＝（固定资本年周转总额+流动资本年周转总额）/预付资本＝108.5/100＝1.085（次）

3.（1）由于流动资本每年周转2次，因此预付可变资本为6个月的工资。

有机构成＝$c/v$＝（300+30）/（50×0.1×6）＝11

（2）固定资本＝300万元

流动资本＝30+50×0.1×6＝60（万元）

（3）商品价值50＝［3 000 000/10+300 000×2+50×1 000×12×（1+$m'$）］/40 000

可以计算出 $m'$＝5/6

（4）年剩余价值率 $M'$＝周转次数 $n×m'$＝2×5/6＝5/3

（5）$M$＝5/3×（50×0.1×6）＝50（万元）

4. 由题意可知 $\mathrm{II}\Delta c+\mathrm{II}\Delta v$＝500−200＝300，

且 $\text{II}\Delta c : \text{II}\Delta v = \text{II}c : \text{II}v = 1\,000 : 500 = 2$

所以 $\text{II}\Delta c = 200$，$\text{II}\Delta v = 100$；

根据扩大再生产实现条件 $\text{I}v + \text{I}\Delta v + \text{I}m/x = \text{II}c + \text{II}\Delta c$，有

$600 + \text{I}\Delta v + \text{I}m/x = 1\,000 + 200 = 1\,200$ （1）

同时 $\text{I}\Delta c + \text{I}\Delta v + \text{I}m/x = 900$ （2）

且 $\text{I}\Delta c : \text{I}\Delta v = \text{I}c : \text{I}v = 3\,000 : 600$ （3）

由（1）（2）（3）可解出 $\text{I}\Delta c = 300$，$\text{I}\Delta v = 60$，$\text{I}m/x = 540$

所以扩大后的生产规模分别是

$\text{I}$：$3\,300c + 650v$

$\text{II}$：$1\,200c + 600v$

# 第七章

一、名词解释

1. 生产成本（生产费用）：资本家视角下生产商品所耗费的预付资本价值。

2. 利润：类似于预付资本价值变成生产成本，资本家视角下的剩余价值被看作是全部预付资本（而不是可变资本）的回报，即利润。

3. 生产价格：资本追求利润的竞争导致利润的平均化，商品出售价格等于生产成本（预付资本价值）加上平均利润，此即生产价格。

4. 商业利润：商业资本家从事商业经营活动所得的利润，一般情况下等于平均利润。

5. 利息：借贷资本从产业资本那里分割的一部分平均利润。

6. 级差地租：由于土地经营的垄断，等级不同土地获得不同数量的地租，这种与土地等级相联系的、来源于农产品超额利润的地租，称为级差地租。

7. 绝对地租：土地所有者凭借土地私有权垄断所获得的地租，其来源在于农业资本有机构成低于工业且不参与利润平均化（因为土地私有权的垄断）而获得的超额利润。

8. 商业资本：商品资本从产业资本运动中独立出来，执行商品的销售、实现价值和剩余价值的职能资本，称为商业资本。

9. 生产性流通费用：商业活动中属于生产性劳动过程（一般包括商品的运输、保

管和包装等活动）所产生的费用，本质是所耗费的物质资料价值和工人劳动所创造的价值。

10. 纯粹流通费用：商业活动中属于非生产性劳动过程所产生的费用，本质是剩余价值的一部分。

11. 资本主义地租：农业资本家租种地主的土地而向地主缴纳的费用，它是农业工人所创造的超过平均利润以上的那一部分剩余价值，即农业超额剩余价值。

二、单项选择

1. A　2. B　3. D　4. B

三、填空

1. <u>不变资本</u>；<u>可变资本</u>；<u>剩余价值</u>

2. <u>平均利润</u>；<u>价值</u>

3. <u>预付资本</u>；<u>可变资本</u>

4. <u>商业资本</u>；<u>流通资本</u>；<u>价值</u>；<u>剩余价值</u>

5. <u>产业工人创造的剩余价值</u>

6. <u>产业资本</u>；<u>商业资本</u>

7. <u>借贷资本</u>

8. <u>货币资本</u>

9. <u>企业利润</u>；<u>利息</u>

10. <u>平均利润率</u>

11. <u>信用形式的虚拟资本</u>；<u>收入资本化产生的虚拟资本</u>

12. <u>绝对地租</u>；<u>级差地租</u>

13. <u>土地经营的资本主义垄断</u>

14. <u>土地所有权的垄断</u>

15. <u>土地肥沃程度的差别</u>；<u>不同地块地理位置的差别</u>

16. <u>土地所有权</u>

四、判断正误

1. √　2. √　3. ×　4. ×　5. ×　6. ×　7. ×

五、简要回答

1. 因为（年）利润率 $P' = M/(c+v) = n \times m/(c+v) = \dfrac{n \times \dfrac{m}{v}}{\dfrac{c}{v}+1} = \dfrac{n \times m'}{\dfrac{c}{v}+1}$ ，所以，利

润率的变动主要受四个因素的影响：

（1）剩余价值率 $m'$，和利润率成正比。

（2）资本有机构成 $c/v$，和利润率成反比。

（3）资本周转速度 $n$，和利润率成正比。

（4）不变资本的节约，不变资本节约程度越高资本有机构成越低，导致利润率越高。

2.（1）资本家投资的目的是追求最大的利润，即预付资本数量既定时获得最高的利润率。

（2）当不同部门利润率不同时，资本家会将其资本从低利润部门转向高利润部门，从而形成竞争。

（3）资本家的竞争会通过市场供求变化提高低利润部门的商品价格，降低高利润部门的商品价格，并改变利润，最终导致各部门利润平均化。

3. 价值转化成生产价格之后，价值规律并未消失，只是发挥作用的形式发生了变化：

（1）尽管单个商品价值与生产价格发生了偏离，但所有商品的总价值和总生产价格是一致的。

（2）尽管单个商品包含的剩余价值与利润发生了偏离，但社会总剩余价值和总利润量是一致的。

（3）生产单个商品的劳动生产率提高，社会必要劳动时间缩短，其生产价格也必然会下降；反之会提高。

4.（1）资本积累的过程同时也是劳动生产率不断提高的过程，其中资本有机构成会不断提高。

（2）资本有机构成（$c/v$）和利润率成反比。

（3）所以随着资本主义不断发展，平均利润会有下降的趋势。

5.（1）剥削程度，即剩余价值率的提高，阻碍平均利润率下降。

（2）工资被压低到劳动力价值以下，阻碍平均利润率下降。

（3）相对过剩人口的存在，使得资本家更容易提高剥削程度、降低工资，从而阻碍平均利润率下降。

（4）不变资本变得更加便宜，减缓了资本有机构成提高的速度，阻碍平均利润率下降。

（5）对外贸易的发展，使得资本家可以分割其他国家资本家的利润，从而阻碍平均利润率下降。

6. （1）生产扩大与价值增值之间的矛盾。

（2）相对人口过剩和资本过剩的矛盾。

（3）剩余价值生产和剩余价值实现之间的矛盾。

7. 本质上是产业资本运动的分工经济，即商业资本的存在促进了产业资本的发展并提高了其利润率，主要表现在三个方面：

（1）有利于节省流通资本，提高产业资本家的效益。

（2）可以加速产业资本的流通。

（3）缩短流通时间。

8. （1）一是商业资本家的产生，即产业资本家和从事商品流通的商人之间形成分工，产生了专门从事商品销售的商人的业务。

（2）二是商业资本的产生，即专门从事商品销售的商人必须有自己独立的投资。

9. 从流通费用对商品价值的贡献角度来分，商业流通费用可以分为生产性流通费用和纯粹流通费用。

其中生产性流通费用是由商业活动中的生产活动（主要包括运输、保管和包装等）产生的费用，其中生产资料价值会转移到商品中，消耗的劳动力价值创造新的商品价值，这些费用会通过商品的售卖获得补偿。

纯粹流通费用不会增加商品的价值，因此其补偿只能是从生产活动中产生剩余价值中扣除。

10. 级差地租是和土地优劣差别（主要是肥沃程度和地理位置两方面）相联系的地租，有两种类型，级差地租Ⅰ和级差地租Ⅱ。

级差地租Ⅰ指的是土地由于其天然肥沃程度和地理位置差别而形成的地租；级差地租Ⅱ是由于对土地的投资所造成的劳动生产率差别而形成的地租。

级差地租的产生根本原因是土地经营的资本主义垄断，导致农产品价格不按照平均生产价格、而是按照优劣等地决定的最高生产价格决定。

11. 资本主义绝对地租指的是由于土地所有权的存在使得使用任何土地都必须缴纳的地租，它是土地资本主义所有权的体现。

其产生的根本原因是土地私有权的垄断——有限的土地被人占有，其他人无法再拥有其所有权。私有权的垄断，使得土地供给不存在竞争，从而农产品价值高于市场价格的部分不参加利润的平均化，形成绝对地租。

12. 虚拟资本是指能够定期带来收入的、以有价证券形式表现的资本形式，包括信用形式（期票、汇票等）和收入资本化形成的虚拟资本（股票等）两种。

虚拟资本的存在和发展以现实资本为基础；同时，虚拟资本又在一定程度上独立于现实资本之外，有着自身的运行规律；但是虚拟资本最终不是虚无资本，其运动要受到现实资本的制约。

13. （1）企业管理人员、劳动者等是以财产性收入、股权激励等方式参与剩余价值的分割的。

（2）资本主义国家实行社会福利制度，从国民收入中获得部分收入，并通过再分配向部分公民或全体公民提供某种无偿或优价服务。

（3）当代西方发达国家凭借比较雄厚的经济实力和科技优势，在世界市场上大肆掠夺，攫取超额垄断利润。

六、计算

1. 资本构成如下表所示。

| 序号 | 资本构成 | 剩余价值 | 平均利润 | 商品生产价格 | 商品价值 |
| --- | --- | --- | --- | --- | --- |
| 1 | $60c+40v$ | 40 | 30 | 130 | 140 |
| 2 | $70c+30v$ | 30 | 30 | 130 | 130 |
| 3 | $80c+20v$ | 20 | 30 | 130 | 120 |

2. 资本构成如下表所示。

| 序号 | 资本构成 | 剩余价值 | 平均利润 | 商品生产价格 | 商品价值 |
| --- | --- | --- | --- | --- | --- |
| 1 | $60c+40v$ | 40 | 40 | 140 | 140 |
| 2 | $70c+30v$ | 60 | 40 | 140 | 160 |
| 3 | $80c+20v$ | 20 | 40 | 140 | 120 |

# 第八章

一、名词解释

1. **资本主义经济危机**：资本主义再生产过程中由资本主义经济制度因素引发的周期性生产过剩危机，是资本主义生产方式产生的特殊的经济问题。

2. **资本主义基本矛盾**：生产的社会化和生产资料私有制之间的矛盾。

二、单项选择

1. B    2. A

三、判断正误

1. ×    2. ×    3. ×    4. ×

四、简要回答

1. 资本主义经济危机爆发的根本原因在于生产的社会化和生产资料私人占有这一基本矛盾。资本主义制度框架内无法解决这一矛盾，因而经济危机就不可避免。具体来讲：

（1）资本主义生产无限扩大的趋势和劳动人民有支付能力的需求相对缩小之间的矛盾，必然导致危机的发生。

（2）资本主义个别企业内部生产的有组织性与整个社会生产的无政府状态之间的矛盾，必然导致危机的发生。

（3）信用的发展可以暂时掩盖相对需求不足的矛盾，从而成为加剧资本主义经济危机的重要因素。

2. 一般情况下，资本主义经济危机会包括危机、萧条、复苏和繁荣四个阶段。

（1）危机：经济周期的第一个阶段，主要特征为生产过剩并急剧缩小、信用关系严重破坏、失业急剧增加等。

（2）萧条：经济周期的第二个阶段，主要特征为生产严重萎缩、失业率高企、购买力乏力，投机极端活跃等。

（3）复苏：经济周期的第三个阶段，主要特征为购买力转向提上、生产逐步恢复、失业率开始下降等。

（4）繁荣：经济周期的第四个阶段，主要特征为生产高涨、购买力强劲、投资旺盛、失业率极低等。

3. 资本主义经济危机以周期性方式出现，原因在于其物质基础：固定资产的更新。

（1）危机转向复苏：固定资本的更新，在经济萧条中提高了购买力，减缓了相对过剩压力，促使经济脱离危机转向复苏。

（2）繁荣转向危机：固定资本的大规模更新，提高了资本有机构成，使资本对劳动力的需求相对甚至绝对减少，导致以劳动者收入为主体的购买力相对不足，最终造成生产相对过剩并爆发危机。

4. 经济研究发现的经济周期种类，按照周期长短主要有四类：

（1）短周期，又称基钦周期，持续时间 3~5 年，一般认为是由企业库存变动引起的，故又称"存货周期"。

（2）主周期，又称朱格拉周期，持续时间7~11年，一般认为是由企业固定资本投资引起的，故又称"投资周期"。

（3）中长周期，又称库兹涅茨周期，持续时间15~25年，一般认为是由房地产建设的周期引起的，故又称"建筑周期"。

（4）长波周期，又称康德拉季耶夫周期，持续时间45~60年，一般认为是由技术进步引起的。

5.（1）从引发经济危机的直接原因看，过度的金融投机越来越成为主要的直接原因。

（2）从经济危机波及的范围和区域看，具有了明显的全球性或世界性。

6. 资本主义生产关系自产生以来，为了适应生产力的不断发展、应对工人阶级的不懈斗争，不断进行自我调整，其核心就是资本主义国家通过各种形式参与经济运行。具体有以下几方面。

第一，以经济国有化为代表的所有制结构调整。

第二，以宏观管理和长期规划为主要内容的宏观政策调整。

第三，以社会福利制度为内容的收入分配调整。

第四，以建立和利用超国家的国际经济组织为手段的国际政策调整。

7. 社会主义代替资本主义，需要经历漫长和曲折的历史过程。

首先，一方面，资本主义生产关系在进行各种形式的自我调整，以在资本主义制度的范围内尽可能适应生产社会化发展的要求；另一方面，作为统治阶级的资产阶级，其也必然会采取各种手段维护自己的统治地位、维护资本主义制度。

其次，社会主义代替资本主义，归根到底要创造出比资本主义更高的劳动生产率。然而建立社会主义制度的国家经济发展都相对落后，要面临发展经济和防止颠覆的双重任务。

# 第九章

一、单项选择

1. A　2. C　3. A　4. B　5. B　6. B　7. D　8. A　9. C　10. B　11. D　12. A　13. C

14. A　15. B　16. C

二、判断正误

1. ×　2. ×　3. ×

三、简要回答

1. （1）消灭私有制，生产资料社会占有。

（2）消灭商品生产，社会生产实行有计划调节。

（3）尽可能快地发展生产力。

（4）按劳分配和按需分配。

（5）消灭阶级对立，建立自由人的联合体。

2. 第一，就中国现阶段的社会性质来看，我国已经是社会主义社会，因此，我国必须坚持而不能离开社会主义。

第二，就中国目前社会主义社会的成熟程度来看，它还处在初级阶段，我们必须认清这个现实，决不能超越这个阶段。

3. （1）社会主义改造完成以后，我国的社会主要矛盾是人民日益增长的物质文化需要同落后的社会生产之间的矛盾。

（2）社会矛盾并不是一成不变的。社会主义事业进入新时代，我国的社会主要矛盾在需要与生产两个方面都发生了变化。

（3）一方面，人民不仅对物质文化生活提出了更高要求，而且在民主、法治、公平、正义、安全等方面的要求日益增长。

（4）另一方面，我国社会生产力得到了空前提高，当前的问题主要在于生产力发展的不充分和不平衡两个方面。

4. 国际环境主要有三个方面：

（1）世界正经历百年未有之大变局。

（2）新一轮科技革命和产业变革深入发展。

（3）不稳定、不确定性明显增加。

国内环境主要有两个方面：

（1）经济发展进入新阶段，继续发展具有多方面优势和条件。

（2）我国的发展不平衡、不充分问题仍然突出。

5. （1）发展为了人民。一切为了人民，是马克思主义的根本立场，就是要顺应人民对美好生活的需要。

（2）发展依靠人民。人民群众是真正的英雄，是决定党和国家前途和命运的根本力量，要依靠人民创造伟业。

（3）发展成果由人民共享。坚持以人民为中心的发展最终体现在发展成果惠及全体人民上。

6. 坚持以人民为中心的发展思想，不断促进人的全面发展，全体人民共同富裕。在现阶段，社会主义生产目的是通过市场机制和与国家治理的共同作用来实现的。

7.（1）共同富裕首先是一个与消灭剥削、消除两极分化相联系的制度问题。

（2）社会主义生产资料公有制的建立是实现共同富裕的制度前提和基础。

（3）实现共同富裕是目标与过程的统一。

8.（1）包括三项制度：公有制为主体、多种所有制就竣工图发展的所有制；按劳分配为主体、其他分配方式并存的分配制度；社会主义市场经济体制。

（2）三项基本经济制度相互联系、相互支持、相互促进，是一个有机整体。

（3）三项制度在我国经济制度体系中处于基础性、决定性地位。

9.（1）既有利于发挥公有制在实现共同富裕、保证社会主义方向以及国家安全等方面的主体性作用，又有利于非公有制在提高经济效率等方面的合力作用。

（2）既有利于调动广大劳动者积极性，实现共同富裕，又有利于调动各经济主体的积极性，提高生产要素的整体利用率。

（3）既有利于发挥市场在资源配置中的决定性作用，又有利于发挥党的领导作用和政府的宏观调控等作用。

四、论述

1. 新发展理念是我党在十八大之后对发展理念进行调整的一个系统的理论体系，回答了关于发展的目的、动力、方式和路径等一系列理论与实践问题。主要内容包括以下五个方面：

（1）创新发展理念。创新是引领发展的第一动力，创新发展注重的是解决发展动力问题，必须把创新摆在国家发展的核心位置。

（2）协调发展理念。协调是持续健康发展的内在要求，协调发展注重的是解决发展不平衡的问题，必须正确处理发展中的重大关系，不断增强发展的整体性。

（3）绿色发展理念。绿色是永续发展的必要条件和人们对美好生活追求的重要体现，绿色发展注重的是解决人与自然和谐共生的问题，必须实现经济社会发展和生态环境保护协同共进。

（4）开放发展理念。开放是国家繁荣发展的必由之路，开放发展注重的是解决发展内外联动的问题，必须发展更高层次的开放型经济，以扩大开放推改革发展。

（5）共享发展理念。共享是中国特色社会主义的本质要求，共享发展注重的解决社会公平正义的问题，必须坚持全民共享、全面共享、共建共享、渐进共享。

2. 第一，党的领导为中国社会经济发展指明了正确方向和前进道路。坚持以马克思主义世界观和方法论分析中国的具体问题，使党能够始终站在时代前列，为中国社会发展制定正确的奋斗目标和行动纲领。

第二，党的领导使中国特色社会主义经济建设具有强大的规划、统筹和组织能力。党有机统一的组织体系以及党的执政地位，使中国特色社会主义经济建设能够集中力量办大事。党中央权威是危难时刻全党全国各族人民迎难而上的根本依靠。

第三，党的领导有利于发扬社会主义民主，充分调动广大人民群众参与经济建设的积极性、主动性、创造性。中国共产党领导的独具特色的社会主义民主实践，使中国特色社会主义经济建设在广纳民智、科学决策、利益表达、民意整合、决策效率等方面具有巨大的优越性。

第四，党的领导使中国特色社会主义经济建设始终以最广大人民的根本利益为出发点。中国共产党作为以马克思主义为指导的无产阶级政党，全心全意为人民服务，除了工人阶级和最广大人民群众的利益，没有自己特殊的利益。

五、材料题

1.（1）共同富裕是社会主义的本质特征，这一点和资本主义国家的福利主义是截然不同的，虽然后者也能在一定程度上缓解资本主义两极分化的收入结构。

（2）共同富裕首先是一个与消灭剥削、消除两极分化相联系的制度问题。社会主义生产资料公有制的建立是实现共同富裕的制度前提和基础。我们只有在公有制的基础上，实行按劳分配制度，从而实现劳动者个人财富与社会共同财富的不断增长。因此，国民收入的初次分配环节是实现共同富裕的关键。

（3）资本主义国家的福利主义制度是以生产资料私有制为基础，试图依靠国民收入的再分配调和社会矛盾。

2. 坚持以人民为中心的发展，是新时代经济发展的根本指针，习近平总书记的讲话充分地阐述了这一根本指针的内涵和要求。

（1）"江山就是人民、人民就是江山"——发展为了人民。一切为了人民，是马克思主义的根本立场，我国就是要顺应人们对美好生活的需要。

（2）"中国共产党根基在人民、血脉在人民、力量在人民"——发展依靠人民。人民群众是真正的英雄，是决定党和国家前途和命运的根本力量，我国要依靠人民创造伟业。

（3）"中国共产党始终代表最广大人民根本利益"——发展成果由人民共享。坚持以人民为中心的发展最终体现在发展成果惠及全体人民上。

# 第十章

一、名词解释

1. 生产资料所有制结构：指在一定社会中各种不同的生产资料所有制形式所处的地位、作用及其相互关系。

2. 社会主义公有制：社会主义公有制是全体社会成员共同占有生产资料，用来满足人民美好生活需要而结成的经济关系体系。

3. 国有经济：即社会主义全民所有制经济，其中由国家作为全民的代表对国有企业的生产资料拥有所有权。

4. 个体经济：指生产资料归劳动者个人所有，并由劳动者个人支配和使用的一种非公有制经济形式。

5. 私营经济：指企业资产属于私人所有、存在雇佣劳动关系的一种非公有制经济形式。

6. 外资经济：指国外投资者和港澳台投资者经中国政府批准，尊重中国主权，接受中国政府监督和监管，以独资、合资、合作等方式在中国境内开办企业而形成的一种非公有制经济形式。

二、单项选择

1. C  2. C  3. C  4. D  5. D  6. B  7. A  8. A  9. A  10. B  11. C  12. C

三、判断正误

1. ×  2. ×  3. ×  4. ×  5. ×  6. √  7. ×  8. ×

四、简要回答

1. 第一，毫不动摇巩固和发展公有制经济。坚持公有制主体地位不能动摇、国有经济主导作用不能动摇。

第二，毫不动摇鼓励、支持、引导非公有制经济发展。坚持非公有制经济是我国经济制度的内在要素。

第三，把坚持公有制经济为主体和促进非公有制经济发展统一于社会主义现代化建设进程中，不能把两者对立起来。

2.（1）劳动者占有生产资料，并在此基础上形成一种新型的平等关系，排除任何私人特权。

（2）生产资料不再是剥削手段，而是广大劳动者为增进自身物质利益的物质条件。

（3）生产资料共同占有的目的是共同富裕。

（4）人们在共同占有生产资料的基础上形成互助合作、协调一致的经济关系。

（5）生产资料占有方式决定了按劳分配的产品分配方式。

3. 第一，公有资产在社会总资产中占优势。

第二，国有经济主要控制关系国民经济命脉的主要行业和关键领域，对经济发展起主导作用。

第三，满足全体人民的共同需要，保障全体人民共同富裕。

4.（1）生产资料所有制是一个社会经济制度的基础，我国坚持社会主义制度，就必须实行生产资料公有制为主体的制度。

（2）坚持公有制为主体是解放和发展生产力的根本要求。公有制可以有效克服资本主义市场经济对生产能力的周期性破坏，从而最大发挥社会化大生产的优势。

（3）坚持公有制为主体是实现共同富裕的基本前提。所有制性质决定了分配制度的性质，只有在公有制基础上才可能实行按劳分配，才有可能实现共同富裕。

（4）坚持公有制为主体是构建社会主义和谐社会的经济基础。

（5）坚持公有制为主体是社会主义政治制度的基础。人民民主是社会主义的生命，而只有以公有制为主体，才能实行人民民主制度。

5.（1）适应了高度社会化大生产的客观要求。

（2）实现了劳动者与生产资料的直接结合，消除了利用生产资料私人占有特权而形成的不平等地位权力，从而消灭了剥削。

（3）是劳动者成为生产过程的主人，有助于激励劳动者积极性、主动性和创造性。

6.（1）性质不同。社会主义国家代表全体人民，因而国家所有制就是全民所有制；资本主义国家代表全体资本家，因而其国家所有制就是全体资本家所有制。

（2）地位与作用不同。社会主义国家的国有经济控制国家经济命脉并主导经济发展；资本主义国家的国有经济主要从事资本家不愿意从事的领域。

7.（1）主要集中在关系国民经济命脉和国计民生的主要行业和领域。

（2）是国家引导、推动和调控国民经济和社会发展的基本力量。

（3）是国家长治久安的重要保证。

（4）是经济全球化条件下实现自主发展的重要保证。

8. 我国非公有制经济主要包括个体经济、私营经济外资经济等几种形式：

（1）个体经济：生产资料归劳动者个人所有并由劳动者支配和使用的所有制形式。

（2）私营经济：企业资产属于私人所有、存在雇佣劳动关系的所有制形式。

（3）外资经济：国外投资者和港澳台投资者在大陆境内开办企业而形成的所有制形式。

五、论述

（1）是社会主义初级阶段生产力发展的客观需要。我国仍处于并将长期处于社会主义初级阶段，需要非公有制经济更高效地完成很多部门的资源配置，同时充分调动各方面积极性，促进生产力的发展。

（2）满足人们日益增长的美好生活需要的必然要求。国有经济所具有的生产能力还不足以提供社会所需要的全部产品，非公有制经济可以形成广泛而丰富的分工体系，满足人民日益增长的美好生活需要。

（3）充分发挥中国特色社会主义经济制度优势的需要。新中国成立以来的经济快速发展奇迹和社会长期稳定奇迹，离不开以公有制为主体、多种所有制经济共同发展的所有制结构的有力支撑。

# 第十一章

一、名词解释

1. 国民收入初次分配：以所有常住单位在一定时期内参与生产和服务活动所形成的增加值为起点，最后形成各经济主体的原始收入。

2. 国民收入再分配：指国民收入在经过初次分配而形成原始收入的基础上，通过各种经常转移而形成可支配收入的过程。

3. 经常转移：指一个机构单位（政府、企业、个人）向另一个机构单位单向提供货物、服务或资产，而同时不从后者获得回报。

4. 国民收入三次分配：在道德、文化、习惯等影响下，社会力量自愿通过民间捐赠、慈善事业、志愿行动等方式济困扶弱的行为。

5. 按要素分配：在市场经济中，生产要素的所有者根据对生产要素的所有权参与收入分配，获得相应的报酬。

二、单项选择

1. A  2. D  3. A  4. D  5. D  6. B  7. A  8. B  9. D  10. A  11. D

三、判断正误

1. ×　2. ×　3. √　4. √　5. ×　6. ×　7. ×　8. √

四、简要回答

1. 第一，公有制为主体、多种所有制经济共同发展的所有制结构决定了我国必须坚持按劳分配为主体、多种分配方式并存的分配制度。

第二，准确反映资源的稀缺状况、实现资源配置合理化的原则，要求实行按劳分配为主体、多种分配方式并存的分配制度。

第三，社会主义初级阶段的分配制度，归根到底是由生产力的发展状况决定的。实行按劳分配为主体、多种分配方式并存的分配制度，适合社会主义初级阶段生产力发展的不平衡、多层次和水平不够高的状况。

2. 第一，有劳动能力的社会成员，都必须参加社会劳动，不劳动者不得食。

第二，个人消费品的分配只能以活劳动为尺度。

第三，作为分配尺度的劳动，不是劳动者实际支出的个别劳动，而是劳动者在平均熟练程度和平均劳动强度下生产单位使用价值所耗费的社会平均活劳动。

第四，随着劳动生产率的提高和生产的发展，劳动者能够分配到的消费品也将逐步增加。

3. 在社会主义初级阶段，按劳分配的实现过程和实现形式与马克思的设想存在很大差别，具有以下特点：

第一，通过市场机制实现。

第二，按劳分配的"劳"是在市场上实现了的劳动，还不能直接以每个劳动者的劳动时间为尺度，只能以社会承认的商品价值量所还原的劳动量为尺度。

第三，按劳分配主要采取货币工资形式实现。

第四，劳动者的收入与企业的经营状况相关联。

4. 第一，按资本要素分配。这是指资本所有者凭借其投入的资本来获得利润（包括利息、股息、租金、分红等）的分配方式。

第二，按知识、技术、信息、数据要素分配。这些要素对生产经营活动具有重要影响，其所有者从生产经营活动中取得报酬。

第三，按管理要素分配。所有者根据其在生产经营活动中的组织协调和指挥运筹等管理活动直接参与经营收入的分配。

第四，按土地和其他自然资源分配。这两类要素供给具有稀缺性且在生产活动中必不可少，其所有者也要求有收益回报。

5. 收入分配中的效率问题是指通过收入分配促进劳动生产率的提高，激励更多的要素投入生产，提高要素配置效率。

收入分配对效率的影响主要表现在两个方面：

（1）多劳多得，从而提高劳动者积极性并最终提高劳动生产率。

（2）生产要素的回报根据市场评价确定，从而动员更多要素投入生产并提高要素利用率和配置效率。

6. 收入分配中的公平指的是，不同社会成员具有平等的分配权利与机会，分配规则对所有社会成员一视同仁。

这种公平主要表现在三个方面：

（1）权利公平。所有社会成员都有获取并保有合法收入的权力，不存在任何特权。

（2）机会公平。社会成员具有平等投入生产要素、平等使用社会资源、平等获取收入的机会。

（3）规则公平。要素的报酬计算、发放规则对所有成员一视同仁。

7. 第一，在市场经济条件下，市场竞争会造成一定程度的收入差距。经济社会发展不平衡、个人能力差别、努力程度不同、决策准确与否，都会导致他们在市场竞争中获得的收入不同。

第二，在逐步完善市场经济体制的过程中，市场机制不健全，体制、政策 和法律不完善，不同地区、行业和领域改革的进度和力度不尽相同，在市场竞 争中享有的机会和资源存在差异，也在客观上拉大了收入差距。

第三，分配制度的建设仍有许多需要健全的地方，也是收入差距持续拉大的重要原因。

8. 由于存在市场机制的调节作用，个人消费品的按劳分配要通过三个阶段实现。

第一阶段，企业通过在市场上销售产品取得收入。

第二阶段，企业对劳动者按其劳动分配经营收入中的个人收入部分。

第三阶段，劳动者取得货币收入后，根据个人收入水平、家庭负担、消费需求等多方面的考虑，选择储蓄和消费，而用于消费的部分则在市场上购买消费品和劳务，实现个人消费。

五、论述

首先，在初次分配中，增加劳动者特别是一线劳动者的劳动报酬，提高劳动报酬在初次分配中的比重。

其次，在再分配领域，规范分配秩序，加大调节力度，扩大中等收入群体，增加低收入者收入，调节过高收入，取缔非法收入。

再次，发挥好第三次分配的调节作用。

最后，完善市场机制，打造平等竞争环境。

# 第十二章

一、名词解释

1. 经济体制：在一定的基本经济制度基础上进行资源配置的具体方式和规则。

2. 集中计划经济体制：主要由政府利用行政手段管理国民经济并调节配置资源，商品货币关系和价值规律只起形式的和辅助的作用。

3. 社会主义市场经济：社会主义市场经济是市场经济与社会主义基本制度相结合的新型市场经济，或者说是社会主义性质的市场经济。

4. 宏观经济治理：指国家以中长期发展规划为战略导向，运用经济手段、法律手段和行政手段，对国民经济运行中社会供求的总量和结构进行调节，促进经济总量平衡、结构优化、内外均衡。

5. 社会总供给：指一个国家（或地区）在一定时期内，可提供给全社会使用的货物和服务的总量。

6. 社会总需求：指一个国家（或地区）在一定时期内，全社会对使用的货物和服务有支付能力的需求总量。

二、单项选择

1. C   2. B   3. A   4. A

三、判断正误

1. ×   2. ×   3. ×   4. ×

四、简要回答

1. 一方面，社会主义经济体制改革是社会主义制度的自我完善，而不是对社会主义制度的自我否定，所以，我国的经济体制改革是在坚持社会主义基本制度的前提下，改革经济关系中不适应生产力发展的方面。

另一方面，从解放生产力的角度来看，我国的经济体制改革又是一场革命。具体说，改革不是对原有计划经济体制细枝末节或局部的修补，而是要从根本上改变传统的计划经济体制。

2. 一是成功实现了从高度集中的计划经济体制到充满活力的社会主义市场经济体制的伟大历史转折。

二是成功实现了从封闭半封闭到全方位开放的历史转变。

三是极大地解放和发展了生产力。我国经济实力、科技实力、国防实力、综合国力进入世界前列。

四是人民群众的物质文化生活水平大幅度提高。长期困扰我国的短缺经济状况已经从根本上得到改变。

五是经济体制改革的深化有力促进了从以经济体制改革为主到全面深化经济、政治、文化、社会、生态文明体制和党的建设制度改革，政治建设、文化建设、社会建设、生态文明建设也都有了重大进展。

3. 首先，在社会主义初级阶段，公有制经济、个体经济、私营经济和外资经济以及混合所有制经济等多种所有制经济形式并存，这些不同性质的所有制经济主体之间是完全独立的，它们之间的交换关系是等价交换的商品交换关系。

其次，在社会主义初级阶段，公有制存在着多种形式，这些不同形式的公有制经济主体之间也是独立的，它们之间的交换关系也是等价交换的商品交换关系。

最后，在社会主义全民所有制经济中，生产资料是通过每一个具体劳动者的联合即企业来分别使用，不同企业是各自独立的经营者，它们之间的交换关系也是等价交换的商品交换关系。

4. 第一，社会经济资源主要由市场配置，不是由政府或者计划配置。

第二，价格主要由市场决定，切实开展规范有序、优胜劣汰的市场竞争。

第三，企业生产什么、生产多少、如何生产、为谁生产主要由市场调节。

5. （1）基本的原则是：充分发挥市场在资源配置中的决定性作用，更好发挥政府作用，推动有效市场和有为政府更好结合。

（2）有效的市场，就是要充分发挥市场在信息、激励方面的优势，同时进一步改革以减少政府对资源的直接配置。

（3）有为的政府就是要更好地发挥政府的作用，坚持加强党对经济工作的集中统一领导并提高驾驭经济的能力，同时完善和提高政府宏观调控和市场管理的能力。

五、论述

1. 第一，坚持社会主义改革方向。改革的本质是巩固和完善社会主义制度，在社会主义制度下发展生产力，因此我们必须毫不动摇地坚持社会主义方向，实现社会主义基本制度和市场经济相结合。

第二，坚持加强党的领导和尊重人民首创精神相结合。我国的经济体制改革是在党的领导下有组织、有计划地进行的，在改革实践中贯彻党的群众路线，尊重人民群众在实践活动中所表达的意愿、所创造的经验，把最广大人民群众的智慧和力量凝聚到改革中来。

第三，坚持摸着石头过河和加强顶层设计相结合。摸着石头过河就是坚持边实践边总结，从实践中获得真知，这符合马克思主义认识论的方法。然而全面深化改革的巨大艰巨性、复杂性、系统性又要求顶层设计，即要提出全面深化改革的总体规划。两者都必须基于中国的国情和改革开放的伟大实践。

第四，坚持问题导向和目标导向相结合。经济体制改革的过程就是发现问题、解决问题的过程。解决问题要围绕全面深化改革总目标的推进展开，即完善和发展中国特色社会主义制度，推进国家治理体系和治理能力现代化，这一目标贯穿于全面建设社会主义现代化国家的全过程。

第五，坚持试点先行和全面推进相促进。在国体庞大的我国进行改革，绝不能在根本性问题上出现颠覆性失误，试点先行和全面推进相促进是解决这一问题的成功经验。

第六，坚持改革决策和立法决策相统一、相衔接。做到改革和法治同步推进，确保改革决策的正确性、合法性和权威性。

第七，坚持把改革、发展和稳定统一起来。改革、发展和稳定是我国社会主义现代化建设的三个重要支点，三者缺一不可，相互依赖、相互促进。我国坚持把改革的力度、发展的速度和社会可承受的程度统一起来，在保持社会稳定中推进改革和发展，通过改革和发展促进社会稳定。

2. 第一，有利于实现全体人民的共同利益。社会主义市场经济的发展坚持以人民为中心，坚持人民主体地位，坚持共同富裕方向。

第二，有利于实施国家战略规划。国家战略规划是社会主义市场经济中宏观调控的总依据，集中体现了社会主义制度的内在要求。

第三，有利于集中力量办大事。社会主义基本制度以公有制为基础，坚持党对经济的集中统一领导，有利于调动各方面积极性，统筹协调各方面关系，将有限的资源集中用于解决最重要的任务。

第四，有利于效率和公平的统一。坚持公有制为主体、多种所有制经济共同发展，按劳分配为主体、多种分配方式并存，把社会主义制度和市场经济有机结合，既充分发挥市场在资源配置中的决定性作用，又更好发挥政府作用。

第五，有利于促进平等互利的新型国际关系。社会主义市场经济坚持统筹国内国际两个大局，坚持开放和自主相结合、积极参与经济全球化和独立自主相结合。

3. 在社会主义市场经济中，政府作用主要包括以下几个方面：

第一，规划统筹。政府从社会的全局和长远利益出发，按照经济发展的客观规律，对国民经济和社会发展进行规划和调节，统筹兼顾各方面的关系，保证国民经济长期良好运行。

第二，宏观经济治理。政府对宏观经济运行中社会供求的矛盾运动进行调控，以实现社会供求在总量上和结构上的基本平衡，保持国民经济持续快速协调健康发展。

第三，市场监管。政府依法对市场主体及其行为进行监督和管理，以维护公平竞争的市场秩序。

第四，社会管理。政府通过制定社会政策和法规，管理和规范社会组织与社会事务，化解社会矛盾，维护社会公正、社会秩序和社会稳定。

第五，公共服务。政府通过提供公共产品和服务，为社会公众参与社会经济、政治、文化活动提供保障和创造条件。

第六，国有资产管理。政府作为国有资产的所有者需要承担起所有者的职能，代表全体人民对国有资产进行有效监管，保证国有资产的保值增值。

第七，保护环境。保护环境是政府的重要职责，政府要从全局和长远的观点出发，坚持节约资源和保护环境的基本国策。

第八，维护国家经济安全。维护国家经济安全是实现经济发展和保障人民利益的根本前提，政府要坚持统筹发展和安全，确保国家经济安全。

六、材料分析

（答案要点）

上述材料的信息表明，世界人民从旁观者的视角对我国改革开放以来的经济发展给予了高度的评价，总体上可以得出结论：快速的增长带来了全面发展。具体来讲，包括以下几个方面：

（1）成功地实现了从高度集中的计划经济体制到充满活力的社会主义市场经济体制的伟大历史转折。

（2）成功地实现了从封闭半封闭到全方位开放的历史转变。

（3）极大地解放和发展了生产力。

（4）人民群众的物质文化生活水平大幅度提高。

（5）经济体制改革的深化有力地促进了从以经济体制改革为主到全面深化经济、政治、文化、社会、生态文明体制和党的建设制度改革。

# 第十三章

一、名词解释

1. 新发展格局：党的十九届五中全会提出，加快构建以国内大循环为主体、国内国际双循环相互促进的新发展格局。加快构建新发展格局是关系发展全局的重大战略任务。

2. 新型工业化道路：中国特色新型工业化道路，不是简单重复发达国家的工业化过程。其基本内涵是：以信息化带动工业化，以工业化促进信息化，走出一条科技含量高、经济效益好、资源消耗低、环境污染少、人力资源优势得到充分发挥的新型工业化道路。

3. 新型城镇化道路：新时代条件下中国选择的特色城镇化道路。其基本内涵是：在创新、协调、绿色、开放、共享的新发展理念指导下，按照统筹城乡、布局合理、节约土地、功能完善、以大带小的原则，以增强综合承载能力为重点，以特大城市为依托，形成辐射作用大的城市群，培育新的经济增长极，同时以城市群为主体构建大中小城市和小城镇协调发展的城镇格局。

4. 中国特色自主创新道路：新时代条件下中国选择的特色自主创新道路。其基本内涵是：坚持自主创新、重点跨越、支撑发展、引领未来的指导再创新，不断提高自主创新能力，加快建立以企业为主体、以市场为导向、产学研深度融合的技术创新体系，加快建设国家创新体系，加快培育创新型科技人才，努力培育全社会的创新精神，实现关键核心技术实现重大突破、进入创新型国家前列的目标。

二、单项选择

1. D　2. A

三、判断正误

1. ×　2. ×

四、简要回答

1.（1）经济增长是指一个国家（或地区）在一定时期内经济在数量上的扩大，而经济发展，不仅有经济规模的扩大，还包括结构、效益和生态等方面质量的提高。

（2）经济增长是经济发展的基础。

（3）经济增长不等于经济发展。

（4）经济增长与经济发展互为条件、互相促进。

2.（1）高质量发展就是体现新理念的发展，从而也是从"有没有"转向"好不好"的发展。

（2）从供求关系看，高质量发展表现为供求在更高水平上的平衡。

（3）从社会再生产过程看，经济的高质量发展表现为社会再生产各环节之间的顺畅沟通。

（4）推动经济高质量发展，不仅要推动社会生产力的跨越式发展，也要推动社会主义生产关系的不断完善。

3. 一是要建设创新引领、协同发展的产业体系。

二是要建设统一开放、竞争有序的市场体系。

三是要建设体现效率、促进公平的收入分配体系。

四是要建设彰显优势、协调联动的城乡区域发展体系。

五是要建设资源节约、环境友好的绿色发展体系。

六是要建设多元平衡、安全高效的全面开放体系。

七是要建设充分发挥市场作用、更好发挥政府作用的经济体制。

4. 第一，构建新发展格局是对我国社会主义经济建设实践经验的深刻总结。

第二，构建新发展格局是适应我国经济发展阶段变化的主动选择。

第三，构建新发展格局是应对国际环境变化的战略举措。

第四，构建新发展格局是发挥我国超大规模经济体优势的内在要求。

5. 第一，坚持扩大内需战略基点。

第二，优化供给结构，改善供给质量。

第三，提升科技创新能力和水平。

第四，健全现代流通体系。

第五，提高人民收入水平，强化就业优先政策。

第六，推进城乡区域协调发展和新型城镇化。

第七，统筹发展和安全的关系。安全是发展的前提，发展是安全的保障。

五、论述

1.（1）推进供给侧结构性改革，是在国际经济新形势和我国经济发展进入新阶段的背景下，我国经济工作在现阶段的一条主线。

（2）市场经济运行中，供给与需求的平衡是保证经济效率的重要条件。资本主义市场经济由于资本积累与社会消费之间的对抗性矛盾，供给与需求总是处于周期性失

参考答案

衡循环当中。资本主义政府解决失衡问题只能采取短期属性的需求管理。

（3）在我国社会主义市场经济中，资本积累与社会消费之间的矛盾是非对抗性的，因此供给和需求能够实现良性互动。供给侧结构性改革就是我国政府通过供给侧管理解决供求矛盾的手段。

（4）现阶段我国经济发展主要矛盾已转化为结构性问题，矛盾的主要方面在供给侧，面临的问题主要是供求的结构性失衡。具体来讲，就是我国资本积累主要集中在全球产业链、价值链的中低端，在人们对美好生活追求日益提高的背景下，大量高端需求外溢。这不利于经济的长期发展，也造成很大的经济风险。

（5）社会主义市场经济制度提供了供给侧结构性改革的可能性，当前国内国际背景又提出了改革的必要性，从而进行供给侧结构性改革成为当前我国经济工作在现阶段的一条主线。

2. 新发展阶段我国经济社会发展要以推动高质量发展为主题，这是根据我国发展阶段、发展环境、发展条件的变化作出的科学判断。

（1）由高速增长转向高质量发展，是保持经济持续健康发展的必然要求。

（2）由高速增长转向高质量发展，是适应我国社会主要矛盾变化和全面建设社会主义现代化国家的必然要求。

（3）由高速增长转向高质量发展，是遵循经济规律发展的必然要求。

（4）由高速增长转向高质量发展，是积极应对外部环境变化的必然要求。

# 第十四章

一、单项选择

1. C　2. C

二、判断正误

×

三、简要回答

1. 核心要义是六项原则：一是坚持人与自然和谐共生；二是绿水青山就是金山银山；三是良好生态环境是最普惠的民生福祉；四是山水林田湖草是生命共同体；五是用最严格制度最严密法治保护生态环境；六是共谋全球生态文明建设。

2. 一是从经济与生态关系角度理解，绿色发展就是实现经济与生态协调发展的可持续发展方式。

二是从高质量发展的角度理解，绿色发展是满足人民日益增长的美好生活需要特别是美好生态环境的需要，体现了新发展理念的发展。

三是从环境、经济、政治、文化等多维度理解，绿色发展是发展观的一场深刻革命，是全方位的变革。

3. 第一，满足人民日益增长的优美生态环境需要。

第二，作为后起工业化国家，中国经济只有通过绿色发展才能避免走西方发达国家"先污染后治理"的老路。

第三，实现生态文明建设与经济发展良性互动。

第四，支撑我国经济永续发展。

四、论述

推动绿色发展需要进行上层建筑的改革，完善生态文明体制改革。生态环境是关系党的使命宗旨的重大政治问题。

生态文明制度体系建设，是坚持和完善中国特色社会主义制度、推进国家治理体系和治理能力现代化的重要组成部分。

生态系统中自然要素的流动性决定了自然条件具有公共性特征，生态系统中自然资源再生产、生态系统吸收废弃物的长周期性决定了只有按照社会的长远利益对人与自然之间的物质变换进行统筹管理才能实现绿色发展，这就要求借力制度体系，为生态文明的发展提供有效的制度保障。

# 第十五章

一、单项选择

1. D　2. A

二、判断正误

1. ×　2. √　3. ×

三、简要回答

1. 民生即"人民的生计"，是指人民群众最基本的生存和发展的需要，关系到人民群众最关心最直接最现实的利益，必须给予充分保障并不断加以完善。保障和改善民生就是指在一定经济发展水平下，社会为保证人民群众能够获得最基本的生存权和发展权而提供的各种条件，并使得民生水平能够不断适应社会生产力发展的要求。民生保障具有公共性、普遍性和公平性特点。

2. 经济发展是保障和改善民生的基础，保障和改善民生是经济发展的根本目的，二者不可偏废。

如果脱离了经济发展单纯讲保障和改善民生，那就是空谈；如果离开保障和改善民生谈发展，那么发展就失去了目标和方向。

因此，保障和改善民生必须不断解放和发展生产力，为保障和改善民生奠定雄厚的经济基础；要根据现有经济发展水平和人民生产生活条件，合理地制定保障和改善民生工作的目标。

3. 第一，完善覆盖全民的社会保障体系是适应我国社会主要矛盾转变的必然选择。

第二，建立健全社会保障体系是建设现代化经济体系、推进供给侧结构性改革的迫切要求。

第三，建立健全社会保障体系是应对 21 世纪我国人口老龄化挑战的迫切需要。

第四，建立健全社会保障体系是建立现代企业制度、转变企业经营机制的迫切需要。

4. 民生保障与社会保障既相互联系，又存在明显的区别。社会保障是为了使社会成员在失去劳动能力、遇到困难和意外事故等情况下仍然能够获得必要的生活保障，而民生保障作用的范围和对象则要大很多。

四、论述

第一，保障和改善民生是经济发展的客观需要。新中国成立以来，我国民生状况持续改善。现阶段，我国经济发展中的一些民生问题逐渐凸显出来，影响了人民群众的生活幸福感和满足感，亟须通过建立健全民生保障体制来解决。

第二，保障和改善民生是国家应承担的义务。民生属于基本人权，国家承担着保障民生的义务。民生保障的公共性也决定了民生保障体制的建立和健全必须由国家来发挥主导作用。

第三，保障和改善民生是促进人的全面发展的必然选择。社会主义社会是人的全面发展的社会，人的生存问题的解决和生存条件的改善是人的全面发展的物质基础。

第四，保障和改善民生是促进经济发展的动力保证。民生保障既是经济发展的结果，又是经济发展的动力。一方面，健全的民生保障体制促使人们将更多的精力投入国家建设和社会发展之中。另一方面，建立健全民生保障体制，将有助于释放消费需求的潜能，促进经济持续健康发展。

# 第十六章

一、名词解释

1. 进口替代：指以国内生产的产品来替代进口的产品，实行这一政策的目标是减少进口和外部依赖，节约外汇，平衡国际收支，保护国内幼稚产业，改变发达国家与发展中国家的不平等关系，改善贸易条件，促进工业化。

2. 出口导向：通过扩大出口来带动本国的工业化和经济的持续增长。

二、单项选择

A

三、判断正误

1. × 2. × 3. √

四、简要回答

1. 第一，坚持独立自主和参与经济全球化相结合。在对外开放中维护国家的经济发展自主权和经济安全，使对外开放更有利于社会主义市场经济的发展。

第二，实施互利共赢的开放战略。在更高水平上开展国际经济和科技创新合作，在更广泛的利益共同体范围内参与全球治理，实现共同发展。

第三，统筹国内发展和对外开放。在对外开放中努力提高自主创新能力，增强国际竞争力，促进经济结构的调整和经济发展方式的转变。

第四，渐进有序地开放。中国根据自身承受经济全球化冲击的总体能力确定和调整经济的总体开放度。

2. 第一，发展对外贸易。中国实行的是进口替代与出口导向相结合的平衡型贸易发展战略，但在不同阶段具体的贸易政策措施又有所区别。

第二，引进和利用外资引。引进和利用外资是中国"引进来"战略的主要内容，是中国发展对外经济关系的主要形式。

第三，实施"走出去"战略。其包括发展对外投资、技术和劳务输出等。

3. 第一，引进和利用外资有效地缓解了经济发展中面临的资金不足问题。

第二，引进和利用外资有利于学习外国先进的技术和管理经验，促进经济结构的调整和产业升级。

第三，引进和利用外资有利于吸纳外商投资企业的税收，增加外汇储备，创造更多的就业机会。

第四，引进和利用外资有利于推动外向型经济增长。

4. "走出去"战略主要包括两方面内容：其一，鼓励和扶持一批具有市场竞争优势的国内企业开展海外投资，充分利用国外经济资源实行跨国经营，并最终成长为具有强大国际竞争力的大型跨国公司。其二，鼓励和扶持国内企业积极参与到国际产业分工和协作网络中去，通过区域经济合作和国际经济合作，加入各种类型的市场战略联盟，减少国际市场的进入壁垒，推动出口贸易和海外投资的发展。

五、论述

1. 实行对外开放，是发展中国特色社会主义经济的必由之路。

第一，实行对外开放符合社会化大生产向全球扩展的客观历史趋势。科学技术的进步和生产力的发展推动了生产社会化程度的不断提高，国际分工体系逐步形成并不断深化。社会主义经济建立在社会化大生产基础之上，对外开放是发展社会主义生产力的必然要求。

第二，实行对外开放适应了经济全球化不断深化的历史趋势。在经济全球化不断扩大和加深的情况下，各国经济之间相互影响、相互依存的程度不断加深，各国必须通过对外开放来适应经济全球化不断深化的历史趋势。我国只有顺应经济全球化的趋势，主动实行对外开放，参与到国际经济体系中，才能抓住机遇，趋利避害，共同分享经济全球化带来的经济利益。

第三，实行对外开放是发展社会主义市场经济的必然要求。市场经济是一种竞争经济，市场主体只有参与国际竞争才能不断增强自身竞争力，在竞争中求生存、谋发展。实行对外开放，可以开拓国际国内两个市场、有效利用国际国内两种资源，增强中国企业在国际市场中的竞争力，促进经济发展方式转变，推动产业结构升级，进而使中国经济走上持续健康的发展轨道。

第四，实行对外开放是实现社会主义现代化的必由之路。以开放促改革、促发展，是我国发展不断取得新成就的重要法宝。我国现在仍处于社会主义初级阶段，面临着现代化的艰巨任务，只有打开国门搞建设，坚定不移实行对外开放的基本国策，实行更加积极主动的开放战略，才能获得更多推动发展所需的资源和机遇，才能不断为经济发展注入新动力、增添新活力、拓展新空间。

2. 党的十八大以来，以习近平同志为核心的党中央推进对外开放理论和实践创新，改革开放在新时代呈现出新特点。

第一，坚持主动开放。把开放作为发展的内在要求，更加积极主动地扩大对外开放，努力在经济全球化中抢占先机。以开放促改革、促发展、促创新，以对外开放的主动赢得经济发展和国际竞争的主动。

第二，坚持双向开放，即把"引进来"和"走出去"更好地结合起来，实现高质量"引进来"和高水平"走出去"，更好统筹国际国内两个市场、两种资源、两类规则，拓展经济发展空间。

第三，坚持全面开放。就是要推动形成陆海内外联动、东西双向互济的开放格局。大幅度放宽市场准入，促进基础设施互联互通。

第四，坚持共赢开放。就是要推动经济全球化朝着普惠共赢方向发展。从世界汲取发展动力，也让中国发展更好惠及世界。

第五，坚持包容开放。就是要探索求同存异、包容共生的国际发展合作新途径。主张维护世界贸易规则，推动建设开放型世界经济。

3. 安全是相对风险而言的，开放经济条件下，我国经济安全主要存在以下风险。

第一，产业安全风险。在对外开放条件下，由于国际竞争格局的变化、经济政策变动、自然资源条件的变化、跨国垄断资本的扩张等，一国经济的重要产业部门可能面临生存与发展困境，从而使国家经济安全面临风险。当前，中国在产业基础能力和产业链水平上还存在不足之处，从而导致产业体系抗干扰、抗冲击能力不强，容易受到外部条件变化的影响，甚至处于被"卡脖子"的困境。

第二，战略物资供应和重要基础设施老化风险。粮食、能源、资源等战略资源是国家经济安全的生命线；水利、电力、通信、网络等重要基础设施运行中断或遭到破坏时会严重危害国家安全。当前，大豆、石油、天然气、铁矿石、精铜矿等部分农产品、能源和矿产资源的生产还难以满足国内需求，一些水利、交通基础设施已经老旧，部分基础设施维修管理水平不高，亟须更新维护。

第三，金融风险。金融是经济的血脉，是现代市场经济运转的基石，金融安全是国家经济安全的重要保障。当前，局部金融风险依然存在，其他成为国家经济安全面临的突出风险。

第四，生态环境风险。生态环境是人类生存和发展的根基，生态环境安全是国家安全的重要组成部分。我国自然生态环境先天不足，整体生态环境系统脆弱，工业化快速发展积累的环境问题进入高强度频发阶段，成为经济发展和人民生活的制约因素。

第五，海外利益安全风险。目前，我国国民经济已经深度融入世界，境外资产存量巨大，境外中资企业数量众多。但是，当前国际形势更加严峻复杂，我国海外利益风险不容低估。

# 第十七章

一、名词解释

1. 经济全球化：在国际分工的基础上，劳动力、资本、土地、知识、技术、管理、数据等各类生产要素通过在全球范围内的大规模流动和配置，推动各国经济更加紧密地相互联系的过程。

2. 贸易全球化：商品和服务贸易超越了民族国家的地域限制，国际贸易的范围、规模和程度大幅度增加。

3. 生产全球化：企业的生产过程超越国界，在全球范围内分工协作，利用各国生产要素优势进行生产活动的趋势。

4. 金融全球化：资本在世界各国、各地区自由流动，从而使全球金融市场日趋开放、金融体系日益融合的过程。

5. 全球经济治理：国家和非国家行为体按照一系列的国际制度和国际规则对全球或跨国经济领域内的共同问题进行协调和管理的过程。

6. 国际经济秩序：在世界范围内围绕国际经济关系所确立的一系列国际行为规则和制度的总和。

二、单项选择

D

三、判断正误

1. ×   2. ×

四、简要回答

1. 经济全球化主要表现为贸易全球化、生产全球化和金融全球化。

贸易全球化，是指商品和服务贸易超越了民族国家的地域限制，国际贸易的范围、规模和程度大幅度增加。

生产全球化，是指企业的生产过程超越国界，在全球范围内分工协作，利用各国生产要素优势进行生产活动的趋势。

金融全球化，是指资本在世界各国、各地区自由流动，从而使全球金融市场日趋开放、金融体系日益融合的过程。

2. 保护主义不仅是逆全球化的重要标志和内容，也是推动逆全球化演化的重要力量。

逆全球化破坏国际经济秩序，冲击全球价值链和国际分工体系，给世界经济发展和稳定运行带来了各种不确定性风险，包括出现全球性经济动荡、衰退与危机的风险。

3. 根据规则与制度的不同，全球经济治理的形式主要分为三种：

第一种是正式的、全球多边的国际规则和制度性的安排，它们试图使世界经济建立在规则的基础上，使各国都按照规则办事、受到规则的约束。

第二种是非正式的、只有部分国家参与的国家集团机制。参与国通过一定的规则和安排，磋商和协调它们之间的经济政策。

第三种是地区性或区域性的规则和制度性安排。它是在某个地区（指世界性地区或者世界性地区的次地区）内，邻国之间实现经济整合和贸易投资政策的自由化、便利化。

4. 第一，世界经济处于新旧动能转换的关键期。当今世界，新一轮科技革命突飞猛进，给全球经济带来巨大的发展潜力和前所未有的不确定性。

第二，国际格局和力量对比加速演变。近年来，美国等传统西方国家经济社会发展陷入低迷，而新兴市场国家和发展中国家群体性崛起，国际力量对比正在发生近代以来最具革命性的变化。

五、论述

中国关于建立国际经济新秩序的主张，概括起来主要有以下几点：

第一，新型国际关系是国际经济新秩序建立的基础。现行国际经济秩序中存在不公正不合理成分，主要原因在于现行国际关系还存在强权政治和霸权主义。所以，建立国际经济新秩序必须推动建设相互尊重、公平正义、合作共赢的新型国际关系。构建新型国际关系的基本原则是民主化、法治化和合理化。

第二，新型全球经济治理观推动国际经济秩序的变革。第二次世界大战后形成的全球治理体系已越来越不适应百年未有之大变局，尤其是新兴市场国家和发展中国家的群体性崛起而带来的国际格局的变化。为此，中国提出以平等为基础、以开放为导向、以合作为动力、以共享为目标的全球经济治理观。

第三，稳步有序地推进国际组织的变革，使之成为构建国际经济新秩序的有效平台。现行的国际经济秩序演化中所形成的国际组织，尽管并不完美，但不能随意被舍弃，更不能推倒重来，中国将同世界各国共同努力推动其改革完善，在以《联合国宪章》宗旨和原则为核心的现有秩序框架下，推进联合国安会、国际货币基金组织、世界银行等重要国际组织的改革，推动国际经济秩序朝着更加公正合理的方向发展。

参考答案

# 第十八章

一、名词解释

1. 人类命运共同体：所谓人类命运共同体，就是每个民族、每个国家的前途命运都紧紧联系在一起，风雨同舟，荣辱与共，努力把我们生于斯、长于斯的这个星球建成一个和睦的大家庭，把世界各国人民对美好生活的向往变成现实。

2. "一带一路"建设：2013 年秋天习近平总书记提出共建丝绸之路经济带和 21 世纪"海上丝绸之路"，即"一带一路"倡议。核心内容是促进基础设施建设互联互通，对接各国政策和发展战略，深化务实合作，促进协调联动发展，实现共同繁荣。

二、填空

1. 丝绸之路经济带；21 世纪"海上丝绸之路"

2. 提高有效供给；实现世界经济再平衡

三、简要回答

1. 共建"一带一路"的核心内容是促进基础设施建设互联互通，对接各国政策和发展战略，深化务实合作，促进协调联动发展，实现共同繁荣。具体来说，包括政策沟通、设施联通、贸易畅通、资金融通、民心相通五个方面的内容。

2. 国际关系演变积累了一系列公认的原则，它们成为推动共建人类命运共同体的基本遵循。一是主权平等原则；二是协商谈判原则；三是共商共建共享原则；四是法治权威原则。

3. 总体来讲，"一带一路"建设是推动共建人类命运共同体的重要实践平台。

具体来讲，首先，"一带一路"倡议是中国参与全球开放合作、改善全球经济治理体系、促进全球共同发展繁荣、推动共建人类命运共同体提出的中国方案。

其次，在"一带一路"建设国际合作框架内，各方秉持共商共建共享原则，不断朝着人类命运共同体方向迈进。这是共建"一带一路"要实现的最高目标。

四、论述

推动共建人类命运共同体，一方面更准确地判断世界格局演化规律并提出人类社会生存发展的方案，另一方面将中华民族伟大复兴事业和世界格局演化、人类社会整体发展结合起来，使得国家发展、民族复兴更为有效。具体来讲包括以下三个方面。

第一，深刻揭示了当代中国与世界的关系，反映了实现中华民族伟大复兴中国梦的迫切需要。当今世界，各国日益越来越成为你中有我、我中有你的命运共同体。推动共建人类命运共同体是实现中国梦的内在要求，是中国特色社会主义的题中应有之义。

第二，客观反映了国际力量对比发生的变化，深刻阐明了中国走和平发展道路的自觉与自信，体现了中国的大国责任与担当。

近年来，世界多极化深入发展，国际力量对比日益改变。中国用合作共赢的新思路代替零和博弈与赢者通吃的旧思路，把中国人民的梦想同各国人民的梦想更加紧密地联系在一起。

第三，深刻回答了"建设一个什么样的世界、怎样建设这个世界"的问题，为世界更好地发展贡献了中国智慧。推动共建人类命运共同体的理念为人类文明的发展进步指明了方向。